日英語発想の違い

今井邦彦 = 著

ひつじ書房

はじめに

「日本語と英語の話し方は同じではない」とだけ言ったならば、「あたりまえじゃないか」という答えが返ってくるに決まっています。そもそも日本語と英語とでは違う言語なのですから、単語も違えば文法も違う。dog という単語を知らなければ、英語で犬の話はできませんし、日本語の「私は野球が好きです」と同じ語順で *I baseball like.（[*] は「文法に合っていない単語のつながり」を示すしるし：むろん正しくは I like baseball.）と言ったらば、意味はわかってもらえるかもしれませんが、*I baseball like. は英語らしくないどころか英語の文ではありません。発音もそうです。Is that bayonet long and thin. はちゃんとした英語ですが、これをイズ・ザット・ベイヨネット・ロング・アンド・シンというカタカナの音価どおりに発音したなら、通じない恐れが十分ありますし、「英語らしい話し方」からほど遠いことは言うまでもありません。

　けれども、この本で取り上げる「英語らしさ」は、実はこのように言語形式の違いに基づくものではないのです。（「言語形式」とは単語・文法・発音などをひっくるめて指す呼び名です。）では何に基づくものなのでしょうか？　相手に向かってことばを発することを「発話する」と言いますが、発話の習慣について日英語間に違いがある、とでも言ったらいいでしょうか。日本人が日本

語で発話をする場合に比べて、英語国民が英語で発話をする場合の方が、実際に口に出した意味よりもたくさんの意味を相手に伝えようとするわけです。そのために、英語の発話では話し手の心を相手に読ませる部分を(日本語に比べて)多くする意図が大きいのです。

　具体的な例をあげましょう。フランス人ルネが友達のシャルルに、シャルルのイギリス人である新妻ジェインについてつぎのように聞いたとします。

（１）　Is Jane a good cook?（ジェインは料理が上手かい？）

シャルルの答えは(2)でした。

（２）　She's English.（ジェインはイギリス人だよ。）

(1)と(2)の和訳を比べると何だかトンチンカンな会話のようにひびきますね。(1)はジェインの料理の腕前を聞いているのに、(2)は彼女の国籍というか、人種を教えています。シャルルの新妻ジェインがイギリス人なことは、シャルルの友達であるルネにはわかっているはずです。わかっていることを教えたって意味はないはずですよね。

　ところが実は、(2)のシャルルによる発話は、少なくともつぎのことを「言って」いるのです。

（３）a.　ジェインは料理が上手ではない。
　　　　b.　その原因はジェインがイギリス人だからだ。

  c. イギリス人が一般に料理に向いていないことを思い出せ。

この他にも、シャルルはつぎのことを言っていると想像できます。

(3′) d. ぼくはジェインの料理の腕前以外の点に魅力を感じて結婚したんだ。
  e. ジェインは典型的なイギリス女性だ。

 そもそもシャルルはジェインが料理上手かどうかについて、直接の返事をしていません。聞き手であるルネが(3c)にしたがって、ヨーロッパ大陸の国々、中でもフランスの人々が持っているイギリス料理に対する蔑視を思い出し、(3b)と合わせて「推論」をし、(3a)の結論を出すことを要求しているのです。つまりルネはシャルルが「何を伝えようとしているか」、言い換えればシャルルの「心・意図・知識」を読みとるわけです。このように他人の「心・意図・知識を読みとること」を「心の理論」と言います。
 (3′d)の「料理の腕前以外の点」とは、性的魅力であるとか、性格の良さであるとか、ジェインの財産とか、いろいろあることでしょう。(2)には、話にユーモアを付け加え、また、それによって相手の更なるコメント(「いや、イギリス人だってたまには料理上手もいるよ」など)を引き出す効果があります。
 (2)をつぎの問答の答え(4B)と比べてみてください。

（4） A：花子は料理が上手かい？
　　　B：下手くそだよ。

（2）の方が、（4B）よりはるかに多くの役割を果たしていることがおわかりでしょう。日本語では、（4B）に類する答え方の方がむしろ普通で、（2）の和訳のような応じ方は、持って回った少々嫌味な反応だと思われるのではないでしょうか。

　もう1つ例をあげましょう。母と年頃の娘がウィンドウ・ショッピングをしています。娘が露出度の多い水着を見てWhat a lovely swimsuit!（なんて素敵な水着でしょう！）と声を上げます。これに対して母親は

（5）　What a lovely handkerchief!（なんて素敵なハンカチでしょう。）

と応じました。母親の言っていることは何でしょう。（6）ですね。

（6）a. あの水着にはハンカチ1枚程度の生地しか使っていない。
　　 b. 当然、露出度が大きくなる。
　　 c. ちゃんとした女の子があんな水着を着るなんてとんでもない。
　　 d. あんな水着は買ってあげませんよ。

つまり（5）を聞いた娘は、「心の理論」を使って（6）を把握するわ

けです。
　日本人の母親が日本語で娘の発話に応じる場合は、

（7）　駄目ですよ、あんな裸みたいな水着は。

に類したものになる方が普通でしょう。この点、日本の場合の方が直接的な言い方で、相手に「心の理論」を使った推論をさせる必要がなく、能率が良いようにも思えます。
　しかし一方で、英語では（2）や（5）のような簡単な発話を使うだけで、（3）、（3′）や（6）に示したいろいろな意味を相手に伝えたり、相手に頭を使わせて会話を続けるきっかけを提供したり、会話にユーモアを加えることができるわけですから、その分、英語の方が効率がいいと見ることもできます。
　どちらが優れているとか劣っているかを比較することは、この本の目的ではありません。大切なことは英語の発話を日本人が理解する際に、文法や語彙、発音に関する知識だけでは不十分な場合があり、その原因が「英語国民による発話の発想上の特徴」を捉え損なっている点にあることが多いということです。逆に、日本人が英語を話すときに、この特徴を加えれば、そのひとの発話は「より英語らしく」なるのです。
　上で話した「英語国民による発話の発想上の特徴」を、くどいようですが、もう一度まとめるとつぎのようになります。

① a. 実際に口に出す以上の意味を聞き手に伝えようとする。
　 b. そのため、話し手は、聞き手が「心の理論」を用いて、話し手の意味するところを「推論」することを期待する。

c. 発話(の特に口に出さない部分)が、聞き手の反応を引き出すような工夫をする。

これにもう1つ特徴を加えましょう。

②　①のcにはユーモアの効果を持たせることが多い。

そして②は英語国一般に見られるつぎの特徴に関連しています。

③　いろいろな社会的場面の中で、ユーモアの使用が是認される領域が日本に比べて広い。

　①のa、bに関することを第1章のテーマとしましょう。

目次

はじめに iii

第1章 あいまいなのは日本語か、英語か？ 1
1. 日本語は説明好き 2
2. 英語は抗議をするにも間接的 3
3. 言外と「言内」の距離 4
4. 英語ではからかいも嘆願も間接的 11
5. 間接性とメタファー 12
6. メタファーとシミリー 14
7. 英語の方が皮肉向き？ 16
8. 否定が肯定の手助け？ 22
9. 控えた表現が強意の手助け？ 24
   コラム 28

第2章　ユーモア通用範囲の違い …… 29

1. 死、病気… …… 30
2. 日常のジョーク …… 35
3. ジョークの対象：医者・弁護士 …… 41
4. ユーモアとエチケットの間 …… 45
5. 人種をタネにしたジョーク …… 60
6. ブロンドと老人の共通点？ …… 63

第3章　発話の内容はだれの考えか？ …… 69

1. 相手・他人・架空の第3者 …… 70
2. バンター再び …… 72
3. アイロニーが通じないとき …… 80
4. 意味の移動 …… 85
5. 引用符付きの意味 …… 91

第4章　ユーモアの「等級」 …… 95

1. 駄じゃれよりもマシなユーモアを …… 96
2. 子供のしゃれ …… 103
3. 意地悪読者の解釈 …… 106
4. どこの国でも議員サマは偉い？ …… 110
5. 子供の失敗 …… 114

- 6 夫婦、男女… ……………………………………… 116
- 7 上等のユーモアとは ……………………………… 121
- 8 カントにハクを付けてもらうと… ……………… 127

第5章　イントネーション …………………… 131

- 1 話し手による自分の意図の表現 ………………… 132
- 2 英語の中でのイントネーションの重要性
  （危険性！） ………………………………………… 133
- 3 ネイティヴはイントネーションに無意識 ……… 136
- 4 上昇と下降 ………………………………………… 138
- 5 上昇と下降の意味 ………………………………… 139
- 6 下降上昇調の意味 ………………………………… 143
- 7 上昇下降調の意味 ………………………………… 145
- 8 「独立」平板調の意味 …………………………… 147
- 9 文や単語を超えた意味の担い手 ………………… 152

おわりに …………………………………………… 153

第1章
あいまいなのは日本語か、英語か？

1 日本語は説明好き

日本語は、というか、日本人の発話は、欧米人のそれに比べて、あいまいだ、とか、趣旨が掴みにくい、ということがよく言われますね。本当にそうでしょうか？　「はじめに」にあげた例をもう一度比べてみましょう。

（1）　Q：Is Jane a good cook?
　　　A：She's English.
（2）　Q：花子は料理が上手かい？
　　　A：下手くそだよ。

(2A)の方が、質問に直接答えている点で非常にはっきりしています。それに比べると、(1A)の意味は、聞き手が頭を働かさないと掴めません。ですから、1回だけの問答に関する限り、英語の方があいまいだ、と言えないこともありません。その代わり、(1A)の方が、「はじめに」で言ったとおり、聞き手に反応を促す手がかりを与え、会話全体の流れを推し進める役割を担っています。
　(1)に似た、つまり英語風の問答を日本語で作ってみましょうか。

（3）　Q：寿司はお好きですか。
　　　A：私は日本人です。

(3A)は何か不自然ですね。気を悪くしているみたいに聞こえま

す。これを

(3'A) ええ、そりゃまあ日本人ですから。

に変えれば、不自然さは少し減ります。なぜでしょう？　それは傍点を振った部分が「解説」になっているからです。「ええ」の部分は話し手が寿司を好きであることを「口に出して」肯定していますね。「そりゃまあ…から」は自分が寿司を好きである理由を述べています。(1A)がジェインは料理上手でないことも、その原因も決して「口に出して」言っていないのとは大違いです。日本語の発話は英語のそれに加えてずっと「解説好き」「説明好き」なのです。

2　英語は抗議をするにも間接的

英語発話の例をまたいくつかあげましょう。

(4) a. You jumped the line.
　　 b. You're blocking my view.
　　 c. You saw me but didn't recognise me.

(4)を和訳すると(5)になります。

(5) a. あなたは列に割り込みをしました。
　　 b. あなたは私の視野を妨げています。
　　 c. あなたは私の顔を見ましたが、知らん顔でした。

なんだか変ですね。(5)は日本語の文法に立派に合っているのに、どこか不自然です。一方、(4)を「意訳」すると(4')のようになります。

(4') a. 割り込みはやめなさい。
  b. そんなところに立たれたら、私が舞台(競技 etc.)を見られなくなるじゃありませんか。<u>どいてください</u>。
  c. 人の顔を見ておきながら、"やあ！"とも言わないなんて<u>ひどいわ</u>。(recognise は、友人・知己などに会ったとき、声を掛けたり手を振ったり、ほほえんだりすることを示します。)

(4')では、下線で示したように、相手に対する要求や非難が明言されています。それに対して(4)にはそれに当たることばがありませんね。英語では、(4)のように相手の行為・態度そのものを述べるだけで相手への要求や非難を悟らせる場合が多いのです。日本語では要求や非難を明言しないと、何か間が抜けますね。日本語の「解説好き」の現れと言えるでしょう。(英語では(4a)よりもさらに婉曲な Excuse me, the end of the line is over there.〔失礼ですが列の終わりはあちらですよ〕という表現があります。これを日本語で言うと、かえって皮肉で慇懃(いんぎん)無礼な言い方と受け取られるのではないでしょうか。)

3　言外と「言内」の距離

日本語にも、むろん「言外の意味を伝える」言い方はあります。

つぎの(6B)がその例です。

（6）　A：今日の飲み会に出るかい？
　　　　B：明日追試なんだよ。

B君は飲み会に出るとも出ないとも言っていません。しかしA君は「翌日に追試を受ける学生が前夜に飲み会に出ることはまずない」という常識と、B君の発話を前提として「B君は飲み会に出ない」と結論します。このように、日本語にも「言外の意味」があることは言うまでもありません。ただ、日本語と英語の間には、「言外の意味への依存度」に関する大きな違いがある、ということなのです。日本人は「言外の意味を伝える」を使う頻度が少ないだけでなく、(1A)のように、言内の意味と言外の意味とのいわば距離が大きい言い方は、まずしないからです。「明日追試を受ける」ということと、「今夜の飲み会に欠席する」ということの間には、そんなに距離がありません。それに対して「彼女はイギリス人である」ということと「彼女は料理が下手だ」ということの間にはかなり距離がありますね。
　この「距離」がもっと大きい例をあげましょう。(7)です。

（7）　1959年のこと、超肥満体の労働党議員ベシー・ブラドック女史がよちよちと下院議場の方へ進んでいた。ちょうどそのとき、議員が酒をたしなむ控えの間で一杯聞こし召していたサー・ウィンストン・チャーチルがふらふらと同じドアへ向かって歩いてきた。不可避の大衝突！　ベシーは完全にひっくり返った。

5

ベシーは懸命に床から起き上がって言った。「サー・ウィンストン、あなたは酔っています。そればかりか、嫌悪すべき酔い方です」。元首相はでぶのベシーを見やってつぎのように応酬した。「そしてブラドック夫人、あなたは醜い。そればかりか嫌悪すべき醜さです。さらに言えば、このウィンストン・チャーチルは、<u>明日になれば素面(しらふ)</u>になっていますぞ」。

　[In 1959 the fat Laborite Bessie Braddock, was waddling toward the House of Commons Chamber as Sir Winston Churchill, who had been in the antechamber where they dispense liquid libations, was wobbling toward the same door. In the inevitable clash—down went Bessie for the count.

　She pulled herself up the floor and said, "Sir Winston, you are drunk. What's more, you are disgustingly drunk." The old Prime Minister looked at the obese Bessie and replied, "And you, Mrs. Braddock, are ugly. What's more, you are disgustingly ugly. Furthermore, <u>tomorrow, I, Winston Churchill, shall be sober</u>".]

ポイントは下線部にあります。ここでの言内と言外の意味の距離、つまり「酔いというものは翌日には醒める」ということと、「肥満は1晩では治らない」との間の長い距離に、日本人はまず気がつかないのではないでしょうか。

　言うまでもなく日本人も相手に悪口雑言を吐きます。ところが上のチャーチルの当てこすりとは対照的に、ごくごく直截(ちょくせつ)に、つまり全部口に出して言う方が日本人には気持ちがいいのではない

のでしょうか。歌舞伎から例を取りましょう。
「助六所縁江戸桜」の花魁・揚巻は、自分の間夫(客ではなく、恋人とも言うべき男)である助六を悪く言う意休に向かってつぎのように言います。

（8）　モシ意休さん、お前と助六さんをかう並べてみる時は、此方は立派な男振、此方は意地の悪さうな…譬へて言はば雪と墨。硯の海も、鳴門の海も、海と云ふ字は1つなれど、深いと浅いは客と間夫。サア間夫がなければ女郎は闇、暗がりで見てもお前と助六さん、取り違へてなるものかいナア。オホゝゝゝ。

この台詞が始まろうとするときに、客席からは「待ってました」と声が掛かり、「オホゝゝゝ」のところでは、「成駒屋！」とか「大和屋！」などと、揚巻役の役者の屋号が呼ばれます。憎たらしい意休がストレートに、つまり「言外の意味」などに頼らずにやっつけられるのを見るのが客にとっても気分がいいからでしょう。

「河内山」の河内山宗俊は幕府に仕えるお数寄屋坊主なのですが、実はいろいろ悪事を働くことでも知られています。あるとき松江出雲守上屋敷に奉公に出ている質屋の娘が放埒な松江侯に妾になるよう命ぜられ、これを断ったために上屋敷に監禁されたことを知った河内山は、二百両の礼金で娘を救い出すことを請け合います。

上野寛永寺門主のお使い僧に化けた河内山は出雲守上屋敷へ乗り込み、松江侯をじかに脅して無事に娘を家へ帰させます。ここ

までは河内山、礼金を取っているとはいえ善行を施すわけですが、それだけで済ませる河内山ではありません。松江家からも当主の乱行のいわば口止め料として多分に金をふんだくります。

　万事上手く運んだとばかり、河内山が帰ろうとする玄関先で、松江家の重役、北村大膳が現れます。あいにく大膳は河内山の顔をよく見知っていたのです。河内山の化けの皮ははがれます。ところがそんなことで驚く河内山ではありません。お使い僧を装った上品な言葉遣いから、ガラリと伝法な調子に戻って、大膳に逆ねじを食わせます。これまた「待ってました」の声が掛かる、この幕きっての名台詞です。折角だから七五調の名文句を引用しましょう。なんなら読み上げてください。気持ちがいいですよ。

（9）　悪に強きは善にもと、世の譬へにも云ふ通り、親の嘆きが不憫（ふびん）さに娘の命を助けやうと、腹に巧みの魂胆を、練塀小路に隠れの無（ね）えお数寄屋坊主の宗俊が〔中略〕、宮の使えと偽って〔中略〕出雲守の上屋敷へ、仕掛けた仕事の日く窓、家中一統白壁（かちょう）と、思ひの他に帰りがけ、邪魔なところへ北村大膳〔中略〕。星を指されて乱されちゃあ、そっちで帰（けえ）れと云はうとも、こっちでこのまま帰られねえ。この玄関の表向き、俺に騙（かた）りの名を付けて、若年寄へ差し出すか、それとも無難に収めたけりゃあ、お使え僧でこのまま帰（けえ）すか、2つに1つの返事を聞かにゃあ、ただこのままじゃあ、帰（けえ）られねえヨ。〔中略〕よくく考（かんげ）えてみるがいい。〔中略〕オイ、かう見えても憚（はばか）りながら、この河内山はお直参だよ。たかが、国主であらうが、大名風情（でえみょうふぜい）に裁許を受ける覚えはねえ。〔中略〕オイ、江戸っ児ア気が短っ

けえんだ。早くしてくんねえ。
［ついでですから、この台詞の「邪魔なところへ北村大膳」の部分までには掛詞がたくさん使われていることを指摘しておきましょう。まずこの部分は「邪魔なところへ来た」の「来た」と北村の「北」が掛詞になっています。「腹に巧みの魂胆を、練塀小路に隠れの無え」では、河内山の住居がある練塀小路—今でも千代田区に練塀町という形で名前が残っています—の「練る」が、「魂胆」を目的語とする動詞としても使われています。「仕掛けた仕事の曰く窓」の「曰く」は「曰く付き」などと言うときの「悪事の背景」のような意味で、武家屋敷ではよく使った「曰」の字のように、横木を入れた「曰く窓」にかかっていますし、「家中一統白壁と」の「白」は「知らぬ」の「知ら」に掛かっており、全体として「松江藩の一同が誰も自分（＝河内山）の面体を知らないだろうと思ったら」の意味になっているわけですね。］

それにも拘わらず大膳は河内山を詮議するよう主張しますが、家老・高木小左衛門は、ことを公にすれば、河内山の脅しどおり、松江侯の乱行が公儀へ知れ、取り返しのつかなくなることを恐れ、あくまで河内山をお使い僧として丁重に送り出します。帰り際の河内山の台詞がつぎです。

(10) イヤなに高木氏、才智優れし貴殿と違ひ、彼の北村氏の思慮無き止め立て、拙僧甚だ抱腹致す。彼の下々にて弄ぶ川柳とやら云ふ雑俳にも「大男、総身に智恵が回り兼ね」。

成程(なりほど)智恵は御座らんのう。

挙げ句の果てに河内山は、北村大膳と、そっと様子を窺いに玄関に出てきた松江出雲守に向かって、「馬鹿メ！」と一喝します。大喜びの観客から、「播磨屋！」「大頭領(だいとうりょう)！」などと声が飛ぶところです。十八万石の殿様やその家の重役が、庶民である河内山にキリキリ舞をさせられるところが観客にはこの上なくいい気持ちなのです。(9)、(10)ともに、「言外の意味」に頼っている所などまったくありません。言いたいことを全部口から出して言ってしまう方が、日本人の気持ちはサッパリするのでしょう。
　これと対照的な英語の悪口雑言の例をあげましょう。

(11)　George：Have you read John Brown's new article?（ジョン・ブラウンの最新記事読んだかい？）
　　　Steve　：I don't read what hacks write.（僕は三文文士の書くものは読まないんだ。）

スティーヴは単にジョン・ブラウンの最新記事を読んでいないことを口に出さずに言っているだけでなく、ジョン・ブラウンは三文文士だということも言外に言っています。もしかすると「ジョンは三文文士だ」と言うことの方が主眼なのかもしれませんね。痛烈な悪口を「口に出さずに言」っている点、まさに英語による発話の代表的例かもしれません。

4 英語ではからかいも嘆願も間接的

もう30年近くも前のことです。生まれて初めて本格的ポロ競技（polo）（以下、ポロ競技については28ページのコラムを参照）に出場することになりました。ハワイでのことです。馬には中学生のときから乗っていましたし、インドア・ポロという、いくぶん難度の低い競技の経験はありましたが、270m × 180mという、サッカー場が7つ入る勘定のフィールドでは、スピードも違ってくるし、馬の回転や停止も、一瞬のうちにやる必要があります。1、2回の練習でこのことはよくわかっていました。そこで記念のため家内にヴィデオテープを撮ってもらうこととし、「ゲームの流れに関係なく、俺を撮ってくれよ。流れを追うと、俺がスクリーンに登場しない恐れがあるから」と頼んでおきました。

　ゲームが終わったら選手の1人が、あのヴィデオを見せてほしいと言います。いやあれはこういう事情でゲームの流れを追っていない部分が多いよ、と言ったのですが、まだ家庭用ヴィデオカメラが珍しかったころだったせいもあってか、ぜひ借りたいとのことで、貸してやりました。

　テープを返してくれるとき、この選手が苦笑とともに曰く、

(12)　Your wife loves you.（お前の細君はお前を愛している。）

この場合も (12) と「お前の画面ばかり出てきて、俺たちの妙技がちっとも写ってないじゃないか」という言外の意味の間の距離はかなりあります。日本人だったら「なんだい。俺たちはちっと

も写ってない。お前さんの映像だけだ。奥さんはよっぽどお前に惚れてるんだな」と全部を口に出して言うところでしょう。

やはりハワイでのことです。何の品物だったか忘れましたが、「少し値引きしないか」と聞いたら、50ドル20セントというような端数の付いた金額を言いました。そこでもう一息、という気持ちでWhy don't you round it off to $50?(端数をとって50ドルちょうどというのはどうだい？)と言うと、この、雇われ店主らしき男は

(13) I want to work here.(ここで働いていたいです。)

と答えました。日本人なら、さしずめ、「そんなに負けたら、私はクビにされてしまいます」とすべてを言内で表現したことでしょう。

5　間接性とメタファー

これまでの例のように「言外の意味にもっぱら頼る」というのとは少し違いますが、日本語の発話を基準とすると「解説不足」のように思えるものが英語表現には少なくありません。「はじめに」で(5)としてあげたものがその例で、下に(14)として再現しましょう。

(14) What a wonderful handkerchief!

これは露出度の多い水着をほしがる娘を親がたしなめるために

言ったことばでしたね。親はもちろんその水着が本当のハンカチだと思っているわけではなく、使用されている布が少ないという点で「ハンカチ同様だ」と言っているわけですから、日本語の発話だったらば、「はじめに」に言ったとおり、

(15)　駄目ですよ、あんなハンカチぐらいしか布を使っていない水着は。

というような「説明」があった方が自然なのではないでしょうか。(14)を直訳したような日本語では、どうも話が飛んでいるような印象を与えます。
　つぎの(16)は、新しく住む家を探している2人のやりとりだと思ってください。

(16)　A：What a pretty house!（何て可愛い家でしょう！）
　　　B：What a pretty rabbit-hutch!（何て可愛いウサギ小屋でしょう！）

Bさんの言いたいのは、「たしかにpretty（たとえば風景の一部として）には違いないけど、ああ狭くてはウサギ小屋に住んでいるようなもので不便だよ」ということです。日本語で言うとしたら、やはりこの場合も

(16′)　でもあんなに狭くてはウサギ小屋みたいなものだ。

という「説明」（傍点部）がないと不自然な気がします。

6 メタファーとシミリー

(14)の handkerchief はハンカチでないものを指していますし、(16B)の rabbit-hutch はウサギ小屋以外のものを指しているので、「メタファー」に似ています。いや、広い意味でのメタファーと言ってもいいでしょう。メタファーというのは、日本語で「あの男はタヌキだ」と言ったり、英語で He's a lion.(彼は獅子〈勇敢な男〉だ)と言う場合のように、あるものを別のもので表現することですね。

　国語辞典で「たぬき」を引くと、イヌ科の動物の説明に並んで、「人をだますずるい男」という意味が出てきますし、英語の辞書で lion を調べると、ネコ科の猛獣の説明に並んで「強くて勇敢な男」という意味が出てきます。このように、辞書に意味が記載されるほど定着してしまったメタファーは、この本の目的から言うとあまり面白くありません。面白いのは(14)の handkerchief や(16B)の rabbit-hutch、そして下の(17)のように当意即妙に作られたメタファーです。というのは、このようにいわば即興性のあるメタファーは日本語よりも英語に多く使われ、英語による発話の特徴の１つになっていると考えられるからです。

(17) Good! The *wilting violet* has gone after all.(よかった！　あのしおれたすみれはやっと帰ってくれたわ。)

wilting violet は定着したメタファーとは言えません。「おとなしいが、暗い感じで、ほんの少し品の悪い冗談を聞かされても不機嫌になったり、要するに面白みのない女性」といった意味です。

その女性がやっと帰ってくれたから、これからは陽気に騒ぎましょうよ、というのが(17)の趣旨です。日本語ですと、せめて「しおれた花みたいな人」の下線部ないとどうも不自然です。「みたいな」とか、英語の like 〜が付くとメタファー(隠喩)ではなくて「シミリー(直喩)」になります。「みたいな」や like は、「これはものの譬(たと)えですよ」ということを知らせる、つまり解説用の語句なのです。

　つぎの例を見ましょう。

(18)　Oh, you're a piglet.

泥だらけになって遊びから帰ってきた幼児に向かって母親が言っていることばと思ってください。われわれ日本人にとっては「仔豚」と聞くと「汚ならしいもの」という連想しか湧きませんが、イギリス人などは、それに加えて「可愛らしい」という気持ちを抱くようです。(18)を直訳した「あなたは仔豚だ」は、子供に対する非難のように聞こえてしまいますが、意訳としては「あらまあ、あたしの可愛い坊やがすっかり汚れちゃって！」といったところになるでしょう。この場合も言内・言外の距離は英語の方が大きいように感ぜられます。

　アメリカのあるポロ・クラブで、経営不振からそのフィールドが危うく人手に渡りそうになりましたが、元会長が私財を提供してそれを防ぎました。元会長の、まだ20歳代だった息子マイクが会長になったのですが、もともとわがまま育ちな上、上記の事情もあったし、おまけにこの若者はポロの腕前が抜群に高かったので、かなり勝手な振る舞いをしていました。あるとき、練習試

合のため、選手が皆約束の時間にフィールドに集まっているのに、マイクがなかなか現れません。やがて1時間以上も遅れてマイクがフィールドを横切って悠然とこちらへ向かってくるのが見えました。これに気づいた選手の1人が言ったのが(19)です。

(19) Here comes His Highness.（さ、殿下のお出ましだ。）

His Highness と正式に呼ばれる人物など、アメリカ人の中にはいません。アメリカ人には「殿下」などと呼ばれる人物は、わがままで、他人の感情を思いやることなんかない人間の典型だ、と感ぜられるのでしょう。

　王国で、本物の王女様のたくさんいるイギリスでも、メタファーとしての princess はあまり良い意味で使われることがないようです。

(20) Judy is a princess.

と言うと、ジューディーは驕慢で、見栄っ張りで、わがままな女性、という意味になるようです。

7　英語の方が皮肉向き？

「直接話法・間接話法」という文法用語を覚えていますか？　文法の話をすることが目的ではないので、数行だけ我慢してください。(21)の A を直接話法、B を間接話法というのでしたね。

(21) 　A：John said, "I want to stay here".
　　　B：John said that he wanted to stay there.

このほかに、学校では習わなかったかと思いますが、「自由間接話法」というのがあります。この文法用語を覚える必要はありません。要するに(21B)のような間接話法から、John said that…とか Mary thought that…という部分を省略してしまう言い方です。日本語でも評論とか小説などでは使います。(22)、(23)の下線部がその例です。

(22) 　<u>日本は工業製品を輸出して儲けるべきだ。食糧は他国から買えばいい。</u>この考えが現在の日本の食糧自給率を危険なまでに低いものにした。

(23) 　<u>状況証拠からすれば、太郎に最大の嫌疑が掛かる。だが待てよ。次郎にだってかなりの動機があるぞ。まあいい。明日考えよう。</u>山田刑事は電気を消すと、布団を頭からかぶった。

(22)の下線部は、批判の対象となっている政府や評論家の論じていたことで、この評論の書き手の思っていることではではありません。つまり、「〜と政府は考えた」とか、「〜と○○氏は論じた」などに相当する部分が省略されているわけですね。同じように(23)の下線部は、語り手の考えではなく、すべて山田刑事が眠る気になるまで考えていたことですが、いちいち「〜と山田は考えた」とは書いてありませんね。(22)、(23)の下線部は自由間接話法なわけです。

で、この自由間接話法を、英語では話しことばにも用いますが、日本語では会話にはあまり使わないように思えます。つぎのやりとりを見てください。

(24)　Bill　：Peter is well-read.（ピーターは多読・博識だね。）
　　　Mike：<u>Peter is well-read, indeed.</u> He's even heard of Shake-speare.（そうとも。ピーターは多読・博識だ。シェイクスピアという名前さえ知ってるくらいだ。）

(24)の下線部は、ビルの発話をほぼそのまま繰り返したもので、マイクの考えではありません。その証拠に「せいぜいがシェイクスピアの名前を知ってるくらいのところだ」と皮肉を言っています。つまりマイクの言いたいのは「ピーターが多読・博識なんて考えるのはとんでもない思い違いだ」というところにあるのです。日本語だとどうでしょう？

(25)　A：太郎は古典文学に強いね。
　　　B：<u>え？　太郎が古典文学に強い？　なにをとぼけたこと言ってるんだよ。</u>太郎が知ってるのは『源氏物語』を書いたのは紫式部だってことぐらいさ。

(25)の下線部は自由間接話法ではありませんね。Bさんは「太郎は古典文学に強い」というのが自分の考えでないことを示すいろいろな手だてを講じています。日本語と英語の発話の差がよく現れています。

　相手とか、第3者が実際に口に出したわけではないのですが、

「考えていると思われること、あるいはいかにも考えそうなこと」を先取りして自由間接話法で使うことが英語の発話ではよく起こります。つぎがその例です。

(26)　Bill：I'm a reasonable man.
　　　Jim：Whereas I'm not!

これが映画の中のやりとりだとしましょう。字幕に直訳を使うと、

(26′)　ビル：私は道理のわかる人間だ。
　　　ジム：それとは逆に私は道理のわからぬ人間だ。

となってしまい、日本人観客は戸惑ってしまうことでしょう。ジムの言いたいのは

(26″) 私は道理がわからない<u>と君は言いたいんだな。失礼な！</u>

の下線部であるわけです。自由間接話法が日本語の会話に絶対に現れないとは言いませんが、(26)のジムのことばのように「口に出したこと」と「意図された意味」との間の距離の大きいものはまず現れないと言い切っていいでしょう。

　もう1つ例を出します。これはミュージカル『ウェストサイド物語』の中で、警官が不良少年たちに「とっとと失せろ！」と怒鳴りつけたあとに言う台詞です。

(27)　Oh, yeah. Sure. <u>It's a free country and I ain't got the right</u>. But I've got the badge. What have YOU got?

下線部は警官の考えではありません。不良少年たちが言いたがりそうな文句を先取りして自由間接話法で表現しているのです。(27)を意訳すると、

(27′)　ああ、そうさ、わかってるさ。<u>お前たちは、アメリカは自由の国だから俺には「とっとと失せろ」なんて命令する権利はないって言いたいんだろ</u>。だがな、俺にゃあサツのバッジが付いてるんだ。お前たちが俺に敵うわけないだろ。

のようになります。問題の箇所を下線部のようにしないと、つまり直訳してしまうと、日本人観客には「アメリカは自由の国だから警官でも市民に"とっとと失せろ"などと命令する権利はない」という部分が警官自身の考えだと誤解されてしまうでしょう。もっとも、(27′)をそのまま字幕にしたら、スクリーンからはみ出てしまいそうですね。字幕作りというのは、やったことはありませんが、さぞかし面倒な仕事でしょう。

　字幕でおもい出しました。むかし『弁護士プレストン』(原名 *The Defenders*) というアメリカ製のドラマを NHK が放映していました。プレストンという親子の弁護士が、一見するところ有罪間違いなしと思える被告の弁護を引き受け、被告に有利な証拠・証言を見出したり、陪審員への見事な論理的働きかけなどを通じて、無罪を獲ち取る、というのがほぼお決まりの筋でした。ある

回で、旅行中の親子がある町を訪れます。道義が乱れ、ことに司法制度がおかしくなっていて判事が検事の言いなりになっているような町です。で、ここの法廷にも、無罪なのに有罪にされてしまいそうな被告がいます。さあ、親子弁護士の登場です。2人が証人に立てた人々のうち、医者が被告に非常に有利な証言をします。プレストンが検察側に Your witness.（反対尋問をどうぞ）と促すと、地方検事は、

(28) He is YOUR doctor.

と嘲笑します。YOUR と大文字で書いた部分は、強いアクセントで言われていると了解してください。(28)を意訳すれば(28′)となるでしょう。

(28′) そっちはこの証人の医師としての資格を認めているかもしれないが、こっちは違うぜ。

医師の証言がどんなに検察側に不利であっても、賄をもらっている陪審員や、検察の家来のような裁判官が被告を無罪にするはずはないという自信もあってのことでしょう。傍聴席はこの嘲笑を聞いてどっと笑いますが、裁判長は「静かに！」という注意も与えません。そもそも(28)は検察官が被告代理人に言うことばとして誠に不適切なわけですが、裁判長は知らん顔です。それはともかく、このとき画面には、

(28″) やぶ医者に用はない。

という字幕が出ました。名訳だな、とそのときは思いましたし、今もそう考えていますが、(28)では言外に示されているアイロニーが、(28″)では消失しています。日英語の発話に関する発想の違いが、ここでもはっきり現れていますね。

8　否定が肯定の手助け？

つぎの文はどう解釈すればいいのでしょう？

(29)　I'm not happy; I'm ecstatic.

ecstatic（有頂天）になっているのなら、その気持ちの中にはhappyな（満足だ・嬉しい）要素が含まれていますね。そのhappyを否定しているのは理屈から言うと妙です。実はこの部分はhappyの意味を否定しているわけではなく、happyという語の「使用」に異を唱えているのです。(29)を訳すとつぎのようになります。

(29′)　「嬉しい」なんてことばじゃ不十分よ。「有頂天」って言ってほしいわね。

(29)が本意から「距離のある」言い方なのに対して、(29′)はそのものズバリですね。日英語の発話の違いをここでも見ることができます。つぎも同様です。

(30)　A：We saw many hippopotamuses, didn't we?（カバをたくさん見たよね。）

>B：No, we didn't see any hippopotamuses, though we saw many hippopotami.（いや、カバは全然見てないよ。カバはたくさん見たけどね。）

hippopotamus（カバ）の複数形は、本来 hippopotami です。しかし今では hippopotamuses という形もあり、辞書でも -es の方を先に載せている方が多いくらいです。しかし(30)のBさんはことばに関して保守的なのでしょう。ことば咎めをしています。Bさんの発話は上に直訳したとおり「カバは全然見なかったけど、カバはたくさん見た」という矛盾したものになってしまいますが、趣旨は今説明したとおりです。これに似た言い方を日本語でできないかと工夫したら(31)ができ上がりました。

(31)　A：明日学校に来れるかい？
　　　B：いや、来れない。来られるけどね。

(31)のBさんは相手の「ら抜きことば」を批判しているわけですが、どうも意地悪すぎる感じがして、日本語の発話としては不自然に思えてしまいます。
　つぎの(32)は、このタイプの表現の中でも特に英語的なものかもしれません。

(32)　I'm not Bill's wife: he's my husband.

Bill と he が同一人物を指す限り、この文の表面的意味は完全に矛盾していますね。話し手がビルという人物の妻でないのなら

ば、ビルが話し手の夫であるというのは、おかしな話です。
　ところが、話し手を、この原稿を書いている段階でのアメリカ国務長官ヒラリー・クリントン、ビルとはその夫で元米大統領ビル・クリントンだとしましょう。ヒラリーがもし(32)の話し手だったとすれば、彼女が伝えようとしていることは(32′)だということになります。

(32′)　いつまでも私をビル・クリントンの妻扱いしないでよ。私だって今や国務長官なんだから。「ビル・クリントンはヒラリー国務長官の夫だ」って言ってほしいわ。

同じような立場にある日本人が(32)を直訳したような日本語発話をするとはまず考えられませんね。

9　控えた表現が強意の手助け？

(33)が言っていることは何でしょうか？

(33)　He's not known for generosity.

「彼は気前の良さで有名なわけではない」は、英文和訳としてなら合格でしょうが、話し手の言いたいことを表してはいません。話し手が言いたいのはまさしく「彼はケチンボだ(He's mean.)」ということなのですから。
　砲煙弾雨の中での突撃を敢行しようという作戦に反対するイギリス人将校は、That would be too dangerous.（それは危険すぎる）

などという臆病風に吹かれたような言い方を避けて、

（34） That is not healthy.（そりゃ健康に悪い。）

と言うそうです。
　最愛の妻を失って、胸が張り裂けんばかりの気持ちを、

（35） One feels it.（まあ、気にはなるさ。〈one はこの場合、自分を指します〉）

などという最小限の表現で示すのも、英語国民、特にイギリス人の特徴です。
　また、路上で、気が狂ったように怒鳴り散らし、ものを投げたり壊したりしている人を見た英語話者は、

（36） He seems to be a little upset.（あの人ちょっと機嫌が悪そうだね。）

などと言います。
　つぎの発話の at a price はどういう意味なのでしょうか？

（37） John will do all sorts of kindnesses ― at a price.

at a price は「無料ではなく、値段は取るけれど」ではなく「法外な値段で」の意味なのです。（37）の意訳は「（ガイドの）ジョンは（鳥撃ちをアレンジしたり、釣り船を用意したり）いろいろ楽

しませてくれる。その代わり法外な料金をとられるぞ」ということになるでしょう。

　(33)〜(37)のように、わざと控えめに言って強調することを「緩叙法」と呼びます。面倒くさい術語ですね。英語の understatement の方がわかりやすいくらいです。日本人も understatement を使いますが、主として慣用的になっている「湯豆腐で一杯やるのも悪くないね」とか「1週間で『源氏物語』を全部読むのはちょっと無理だよ」の傍点部に代表されるタイプが多く、(33)〜(37)式の当意即妙な使い方はあまり好きではないようです。これも「解説省略好き」の英語と「解説好き」の日本語との差でしょう。

　先に話したポロは、その後30年間続けましたが、かなり危険を伴うスポーツですから、さすがに2008年を最後にやめ、代わりにゴルフを始めました。そのときの年齢が74歳。60の手習いどころではありません。当然、進歩は遅々たるものでした。たまたまそのころ、名古屋に住んでいる孫(男児)もゴルフを始めたと聞きました。この原稿を書いている2009年に、孫が私の住む東京に遊びに来たとき、練習場へ行って、どちらが上手いか比べました。体重でいうと私の3分の1、相撲や腕相撲ならまだまだ私にかなうわけのない孫は、なんと私と同じ、時にはそれを超えた距離のボールを正確に、かつ次々に打つのです。この話をあるアメリカ人にしたら、笑いながら、

(38)　He's a very bad boy.

と言いました。これは話し手の考え・意見ではなく聞き手である

私の気持ちを代弁したような発話です。bad も意味をずっと弱めて使われています。日本語式に言えば

(39) それは大したお孫さんですね。でもお祖父さんとしてはちょっとばかり口惜しい気持ちもあるでしょう？

ということになるでしょう。

コラム

ポロ(polo)

ポロ(polo)は紀元前6世紀のペルシアに生まれたと言われ、世界最古の球技とされます。そこから東漸し、日本では「打毬」として宮中で保存されています。

現代のポロは、18世紀以来インド大陸を支配するようになったイギリスが現地で「発見」し、近代化したものです。両チーム各4人の選手馬に跨って「マレット」と呼ばれるスティックでボールを打ち、サッカーやハンドボールと同じように、敵方のゴールへ打ち込んで得点します。

やはり馬に乗った主審・副審を入れると10組の人馬が、広い競技場を疾駆し、かなりの危険を覚悟しつつ相争うさまは、勇ましくも美しい限りです。ポロの名選手の女性によるモテ方は、ゴルフのトップ・プロの比ではありません。

私は名選手でなかったため、ちっともモテませんでしたが、おかげで今日に至るまで無事に過ごしています。

第 2 章
ユーモア通用範囲の違い

1 死、病気…

ほぼ半世紀前にイギリスに留学しました。下宿は母1人娘1人の家で、娘のシーラは確か私と同年でした。ロンという男と婚約したばかりで、その年の12月に挙式の予定でした。あるとき、ロンとシーラがジューディー・ガーランド（アメリカの歌手・女優）のライヴ・ショウを観に行く話をしていたので、思わず「いいなあ」とつぶやいたら、一緒に行こうよということになり、お邪魔虫たる身をはばかりながらついて行きました。ショウのあとは、ロウソクの灯りで雰囲気を出している上等なレストランを横目に見て「フン、電気も引けない貧乏な店なんだな」と冗談を言いながら通り越し、安い店で遅い夕食をとりました。シーラと私は同じ家ですから一緒に帰ることとなり、ロンは家が方角違いなのでシーラを送らずにチャリング・クロス駅で別れることとなりました。それはいいのですが、駅での2人のいつまで経っても終わらぬかに見える別れのキスにはほとほと参りました。今の私の年齢ならば、「仲良きことは美しき哉」などと思ってほほえんでいるかもしれませんが、当時はこっちだって若者だったんですからねえ。それはともかく、伝統や風習の違った国の結婚披露宴に間もなく出席することを私も楽しみにしていました。

ところで「霧のロンドン」ということばを聞いたことがありますか？　今のロンドンはそんなことはありませんが、昔はロンドンと言えば濃い霧が連想されたものです。私がロンドンに着いた1957年にはその前年に「空気浄化法」という法律ができて、ロンドンの中心から何マイル内では石炭を焚くことを禁ずるなどの措置が執られていたのですが、まだその成果は上がってはいませ

んでした。ある晩我が下宿の前の道でときならぬ大声が聞こえました。窓を開けたら「豆スープのような」と言われるスモッグが流れ込み、道にロンドン名物2階建てのバスが止まっていて、運転手と車掌が何か言い合っていたのです。そもそもこの道はバス路線ではありませんでした。つまり路線バスの運転手さえ道を間違えるほどの濃霧だったわけです。これはまあ笑い話で済みますが、このときから10日と経たないころ、霧のために悲劇が起こりました。霧で信号機を見損なった列車があり、結果として貨物列車2本と客車1本の3重衝突となりました。これはまさしくシーラが働き先から帰宅する路線でした。いや正確に言えば2つの路線のうちの片方だったのです。だからもう一方の路線に乗っていれば事故には巻き込まれていないわけですが、それにしてももう帰ってきてもいい時刻でした。

　心配する母親(イーヴリンという名でした)は、とても怖くて自分では訊けないから、事故現場に近い駅に電話をして、どっちの路線で帰ったか尋ねてくれと私に言います。当然、気が動転していたのでしょう。このままでは相手も答えようのない質問です。それに、駅員の話すコクニー(ロンドン下層階級の方言)が理解できるかしらと心配しながら(私もイギリスに入国して3ヶ月とは経っていなかったのです)ダイヤルしました。こういう事態だったからでしょう、出てきたのは駅員ではなく、管理職と想像される、標準英語を落ち着いた口調で話す人でした。これこれしかじかの名前・年齢の女性が事故に遭った可能性が強い、情報がほしい、と言ったら、今のところ死傷者のなかに該当する人はいない。何かあったら必ず電話をするのであまり心配せずに待っていてほしい、とのことでした。実際に電話が掛かったのはそれから

3、4時間も経っていました。そのときには隣家のウィリーとその奥さんも来てくれていたので、電話を受け、シーラの死を母親に伝える役は私がやらずに済みました。ウィリーが電話のある場所から母親が引きこもっている部屋に向かう前に電話の傍にいた私に She's dead. と小声で告げていったときの気持ちは半世紀後の今も忘れられません。私はシーラの結婚式ではなく、葬儀に出席することになってしまったのです。

　シーラの婚約者ロン、友人知人、そして嘆き悲しむ母親の友人・親戚が次々と見舞いに訪れましたが、中でも感心したのはイーヴリン小母さんの実姉ベスとその夫ベヴでした。4、5日妹の家に泊まってくれましたが、妹と悲しみを分け合う、というよりは、むしろ朗らかに振る舞って妹の気持ちを引き立てようとしているようでした。夜も更けて、妹もいわば泣き疲れたころになると、ベスは笑顔で

（1）　Now let's have a good night's sleep, young lady.（さあ、そろそろねんねしましょう、お嬢ちゃん。）

と幼児に対するように妹（50代の半ばだったでしょう）に話しかけました。（Let's～という形は「一緒に～しましょう」という意味を持つだけでなく、幼児などに「～しなさいね」と勧告するときにも使います。日本語でも幼稚園の先生などが、「さ、静かにしましょうね」と言うときは、静かにさせたいのは園児をであって、先生はむしろ何かをしゃべりたいわけですね。）妹も仕方なく笑顔をつくろって姉に従っていました。食事の支度もしばらくはベスの係でした。私を気遣って、肉はまだ残っているわよ、ジャ

ガイモをもっと食べない？、などとしきりに奨めました。これを見てベヴは、

（2） Looks as if Beth believes you're a human dustbin.（ベスは君が人間ゴミ箱だと思ってるみたいだね→ゴミ箱じゃあるまいし、そうは入らないよね。）

と言って笑いました。

　（1）にせよ（2）にせよ、発話自体として特にユーモアの度合いが高いというわけではありません。しかし気づいてほしいのは、こういうタイプの、つまりはユーモアを意図した発話が、日本の弔問客の口から聞かれることはまずない、という点です。もっと一般的に言えば、ユーモアを、あるいは笑いを持ち込んでも良い社会的環境が、日本文化に比べて英語文化圏ではより広いのではないか、ということになります。

　最近、ハワイ・ポロ界の名士でトミー・カンパスという人が亡くなりました。ホノルル・ポロ・クラブ会長が書いた弔辞には、「トミーが若き日、後に夫人となるイーディスに一目惚れしたけれども、イーディスは他の若者に夢中で、トミーのことは一顧にしない。そこでトミーは一計を案じ、イーディスとそのボーイフレンドを含む数人でどこかへ遊びに出かけたとき、運転役を買って出た。帰路、トミーは恋敵の家へ先に車をつけ、恋敵を降ろしてしまって、あとは自分とイーディスが2人きりになれるようにした」という挿話が含まれていました。聞く人・読む人が思わずほほえむような部分を含む弔辞というのは、日本ではあまりないのではないかと思います。

1970年代の夏休み、コネティカット州で開かれた3週間ほどのポロ訓練コースに出たことがあります。夏に寒波、と言っては大袈裟ですが、非常に温度の下がった日が4、5日続き、風邪を引いてしまいました。厩舎もフィールドも備わった寄宿学校を使ってのコースだったので、レンタカーを借りなかった私には医者に行こうにも足がありません。指導者である老退役陸軍大佐が病院に連れて行ってくれました。診療を終えて出てきた私を見て老大佐は、

（3）　You gonna live?（命は助かりそうか？）

と訊きました。こちらも "Looks that way, thank you."（大丈夫みたい）と軽口で反応しました。これがもし本当に命に関わるかもしれない病状・怪我などで診察を受けたのだとすれば、大佐も(3)のような訊き方はしなかったはずですが、たとえこのときのような軽い病状であっても、日本語で訊くとすれば「(医者は)何て言ってた？」「ただの風邪だったろ？」のように「真面目な」訊き方のほうが普通だろうと思われます。
　1950年代の終わり、ウィンストン・チャーチルの永年の功績を称える会が、超党派のイギリス下院議員によって催され、会の終わりにチャーチルの大きな肖像画が贈呈されました。チャーチルの謝辞はつぎのことばで始まりました。

（4）　This is a masterpiece of modern art.（これは近代芸術の傑作ですな。）

会場は笑声でわっと湧きました。実際の肖像画は、ごく保守的というか、写実的なものだったのですが、「近代芸術」というと一般には抽象画か、人物や動物が極端にデフォルメされている絵が思い浮かびます。つまり、チャーチルの言ったことは、「容姿に関して標準以下の私は、写実的に描いてもデフォルメされたように見えますな」とも、「この絵では私の姿は大分デフォルメされている：本物の私はもっと若い美男子ですぞ」とも取れ、どちらにしても満場の笑いを呼ぶユーモアを持っています。これは顕彰式、つまり慶事です。けれども日本であれば顕彰される側としてはある種のへりくだりと生真面目さが必要とされる状況ではないでしょうか？　同種の場面で、日本人が、肖像画の描き手ないしはそれを贈った人々をある意味でけなすような謝辞を述べることは想像できません。ユーモアに通用範囲が英語圏では日本よりも広いことを示す例がここにもあると言えそうです。

2　日常のジョーク

弔問や弔辞、病院での診察結果を訊く場合でもユーモアが尊重されるくらいですから、日常の英会話にはジョークが頻繁に登場します。日本語の会話にだって、むろん笑いは出てきますが、英語圏の場合は日本の場合より手が込んでいるように思えます。

　アメリカでのことです。どういう前後関係だったか、金額の話をしていました。500 dollars と言うつもりで何の加減か 500 *pounds* が口をついて出てしまったのです。イギリス留学からは何年も経っていましたし、この訪米がその後の訪英の直後だったわけでもありません。すぐ言い直したのですが、相手のアメリカ人

は、

（5）　You're in the wrong country.（国をお間違えのようで。）

と言って笑いました。私が間違えたのは通貨の名称で、まさかイギリスに行くつもりで間違えてアメリカに着いてしまったわけではありませんが、(5)のように言われるとその場が和みます。

　ニューヨーク北部郊外に住むイギリス人俳優夫妻を訪ねたことがあります。往きは地下鉄で行きました。退社時間で乗客はほとんどがちゃんとした会社員です。夕食を御馳走になり、芝居談義に花を咲かせているうちに、時刻は午後11時近くになってしまいました。夜の地下鉄は怖いので、タクシーを呼んでくれませんかと言ったら、俳優夫妻は「そんな勿体ないこと。地下鉄だって安全ですよ」と駅まで送ってくれました。仕方なく乗り込んだ地下鉄は、案の定、風体の良くない連中で一杯でした。これからニューヨークの中心街へ遊び(暴れ？)に行こうというわけでしょう。家内はハンドバッグを茶色の紙の買い物袋に押し込み、筋骨薄弱、柔剣道も知らなければ、むろん銃など持っていず、あるのはわずかな大和魂だけの亭主は、せめて何も恐がっていない様子を装っていたつもりですが、どんな顔だったかは、自分ではわかりません。幸い、ものすごく強そうな黒人の車掌が絶えず車内を見回って、何かをしでかしそうな若造を怒鳴りつけたりしていたお陰か、何ごとも起こらず無事セントラル・ステーションに着きましたが、こんな不安な思いは二度としたくありません。日本に帰ってあるアメリカ人にこの話をしたら、陸軍中佐であるその知人は、

(6) What did you do to make them angry?(あなた方が何をしたのでその御夫婦は怒ってしまったんです？)

と言いました。(6)は本当の質問ではありません。ニューヨークの夜の地下鉄(勇敢なはずの陸軍中佐にも恐怖の対象のようです)に乗せるなんて、こちらに悪意を抱いてでもいない限りすべきじゃない、という意味です。日本人の口からはこういう反応は出ないだろうな、と思いました。

　1980年代のはじめ、イギリスのエディンバラ公が来日され、あるホテルで馬術関係者による歓迎会が催されました。皇太子・皇太子妃時代の今上両陛下もご出席でした。エディンバラ公の謝辞はつぎのことばで始まりました。

(7) I am delighted that you have chosen such a suitable room for this occasion.(この〔＝馬関係の〕催しにふさわしい部屋を選んでもらったことを慶びとします。)

なるほど、この部屋は大きな長方形で、天井が高く、あまり装飾に凝っていない点で、屋内馬場に似ていました。

　(7)の場合に代表されるように、英語圏ではスピーチの初め、あるいは始まって数十秒後に、聴衆を笑わせることができなかったら、その人は上手な話し手ではない、とされているようです。私も講演のときなどはその真似をしています。講演に先立って主催者側から紹介があります。こういうときに「つぎの講演者はまあ中庸な研究者です」などという紹介は、たとえそれが事実であっても、するはずはありません。講演者がその道の第一人者で

あり、第一級の学者であることが強調されます。私はこれがきまりが悪いせいもあって講演の本題に入る前に、

（８）　Thank you, Professor X. I must say I didn't realise, until your kind introduction, that I was such a great scholar.（X教授、有り難うございます。只今ご紹介いただくまで、自分がそんなに偉い学者だとは知りませんでした。）

などと言ったりしています。ただ、最近おこなった講演では、司会者があまり誉めてくれなかったので、(8)を使えなくて困りました。

　アメリカにノウム・チョムスキーという言語学者がいます。言語学界に革命を起こした天才です。狷介な人ではなさそうですが、特に冗談好きとも思えません。そのチョムスキーですら、講演の中では時折ですがジョークを言います。アメリカ英語ではveto（拒否権）は「ヴィートウ」、motto（モットー）は「マドウ」と、同じtでも前者では無声音、後者では有声音で発音します。この違いについてチョムスキーはこれこれしかじかの理論に基づく、と説明しました。聴衆の中にいた音声学者のラディフォウギッドという人が、少し笑いながら「私の英語ではどちらも無声音なんですが」と言ったら、チョムスキーも微笑みつつ、

（９）　A degenerate dialect!（崩れた方言ですねえ。）

と言いました。ラディフォウギッドの使った英語は模範的イギリス標準英語です。多くのアメリカ人のあいだには、イギリス標準

英語に抜きがたい憧れがあります。私の知人でアイルランド系のアメリカ女性は、先祖がイングランド人に虐待されたため、イギリスは大嫌いと言っているのに、イギリス英語を聞くと「やっぱり良いなあ」と思ってしまうのだそうです。そのように「権威の高い」英語についてだからこそチョムスキーも(9)の冗談を言えたわけで、これがもし黒人英語(エボニックス)とか、イギリス下層階級の英語(たとえばロンドンのコクニー英語)のように「権威の低い」方言についてだったら、(9)は本当の侮辱になってしまいますから、チョムスキーも真面目な答え方をしたことでしょう。

同じ講演の最中、チョムスキーにとっていくぶん痛いところを衝く質問が出ました。彼は黙って聴衆を一通り見渡したあと、

(10) Any OTHer questions?(他に質問は？)

むろんこの冗談のあとは真面目な答えをしていましたが。

自分の意図したジョークが偶然にもアイロニーの働きをしたり、意図していたのとは別のジョークに解されてしまう、という場合もあります。ヨーロッパの航空会社でした。夕食にビーフとチキンの2種がありました。普通は事前にどちらが好きか訊いて回るのに、このときは先にトレーを客席まで引いてきて、その場で好みを訊いていました。家内はチキンを選びました。私の番になったらビーフを注文しようと思っていたら、スチュワードは当然のようにビーフを私のテーブルに置くのです。なんか妙だなと思って、

(11)　You're a mind-reader.（君は読心術を心得ているらしいね。）

と言ったら、恥ずかしそうな表情を浮かべて「実はチキンが切れてしまったので」と言うのです。「実はチキンがありませんので」と前もって謝る段階を省いてしまったこのスチュワードの怠慢は、私の意図しなかったアイロニーの対象となったわけです。

　もう1つはアメリカの航空会社でした。離陸の前にフライトアテンダント（ここでは女性）が客席のを回りながら椅子の背中は倒れていないか、安全ベルトはきちんとしめられているかなどを点検に来ますね。そのときのアテンダントは私の上着を見て、

(12)　I love your jacket.（素敵な上着ね。）

と言いました。水平飛行に入るころになると、「上着をお預かりしましょうか？」と言ってくるのがこれまたお決まりのサービスですね。さっきと同じアテンダントがそう言ってきたので、

(13)　You said you liked this jacket.

と断りました。せっかく誉めてくれたのだから、このまま着ていたいよ、というのが私のジョークのつもりだったのですが、そのアテンダントはとてつもない大声で笑い出し、だってサイズは違うしなどと言いながら去っていきました。つまり彼女は「だっておねえちゃん、この上着好きだって言ってたから、返してくれないかもしれないもん」という不安を抱いた幼児を私が装ったジョークだと解したことがわかりました。ずいぶん妙なことを言

うジイサンだと思ったことしょう。成田で降りるときも、Thank you, Nice Jacket. と言って、となりのアテンダントに「何の話？」と訊かれていました。

3　ジョークの対象：医者・弁護士

留学のためイギリスに着いて間もなく、風邪気味になりました。ちょうどアジア風邪（Asian flu）というインフルエンザが流行っていたころで、アジアから来てアジア風邪にかかったら、こんなばかばかしいことはない、という幾分妙な理屈を頭に、下宿の小母さんのかかりつけの医者を訪れました。症状を訴えると、医師はにこにこ笑ってはいるのですが、何も言いません。はてイギリスの医者には風邪なら風邪の原因と思われることまで患者が話すのかなと思いつつ、昨日風呂のあとに少し寒く感じたのが原因だったのかもしれません、などと余計なことを言っていたら、医者は、

(14)　Where did you learn that beautiful English?（で、その素晴らしい英語はどこで習ったんです？）

と「問診」をして、一応診察したあと、なに、ただの風邪ですよと言って薬の処方箋をくれました。医院での支払いは無料、薬局での薬代は1シリングでした。シリングは今のイギリスではなくなった貨幣単位ですけれども、当時のレートで約50円。ラーメン一杯の価格です。おまけに私は保険料など払っていない外国人です。「ゆりかごから墓場まで」と呼ばれたイギリスの保険制

度に脱帽しました。

　イギリスの医療保険にも今は多少ほころびが来ているようですが、アメリカでは昔から公共の健康保険はないに等しいし、医療サービスが悪くて医療費の高いことがよく知られています。最近アメリカ議会下院で「国民総保険」と呼んでもいい法律が通過しましたが、そう一遍に事情が良くなることはないでしょう。つぎに話すのは数十年前、東アフリカに動物見物の旅（サファリ）に出かけたときのことです。10人ほどのグループで国立公園や動物保護区などを小さいプロペラ機で結んでいくサファリで、私以外の客は全員アメリカ人でした。ある日の動物見物のあと、旅仲間がホテルのプールで泳げ泳げとしきりに誘います。ちょうどジン・フィズを2杯ばかり飲んだ所だったので、旅仲間の1人で開業医であるというジョンに、「ジョン、じゃなかった、先生、アルコールが入ってるんですが、水に入って大丈夫でしょうか」と訊くと

(15)　You can swim a lot faster.（いつもよりずっと速く泳げるさ。）

というのがジョンの答えでした。この問答を聞いていた仲間たちは、

(16)　Kuni, don't ask him such questions. Or you'll have to pay a huge bill!（クニ、ジョンに〈医学上の〉質問なんてすると、途方もない請求書がくるわよ！）

といった趣旨のことを口々に言って、私を、というよりむしろ

ジョンをからかっていました。

　弁護士ということになると、英米共通に「うっかり頼むとお金をうんと取られる」という存在になっているようです。全人口に対する弁護士の数が日本とは比較にならないくらい多いからだとされます。交通事故が起こると、パトカーや救急車より早く弁護士が駆けつける、という冗談があるくらいで、事件を探して、場合によっては事件を作り上げてでも、弁護士商売をしないと食べていけないという事情のようです。皆が皆、前に話したプレストンとか、ペリー・メースンのような弁護士ではないのです。

　グレアム・グリーンというイギリスの作家がいました。一定の年齢以上の読者には映画『第三の男』や『落ちた偶像』の原作者として知られていると思いますし、若い読者にもDVDでおなじみかもしれません。グリーンが1932年に出した『スタンブール特急』という小説がありますが、この中の登場人物のモデルにされたと誤解した人(この人自身作家だったのですが)に告訴すると威されて大幅な書き直しを余儀なくされたため、印税が大きく目減りしたそうです。悪質な弁護士事務所では、ロンドンの電話帳を繰っては小説や戯曲の登場人物と同姓同名の人を捜し出し、作家を告訴する注文を取って歩いたという信じがたいような事実もあったといいます。

　グリーンは雑誌などの映画評もやっていました。そのころシャーリー・テンプルという一世を風靡した子役の女の子がいました。日本でも人気があって、「テンプルちゃん」という名前はよく聞きました。そのテンプルについてグリーンが「彼女には中年の男性に受ける一種のお色気がある」と書いたのがたたって、出版社・印刷会社ともども、テンプルと20世紀フォックス(映

画会社)に訴えられてしまいました。告訴の理由は、20世紀フォックスが「不道徳な目的」のためにテンプルを「周旋した」とグリーンが主張した、という、どうもよくわからない理由ですが、このときの示談金は 3,500 ポンドという当時(1938年)としては途方もない金額でした。原告側代理人の弁護士もさぞかし儲かったことでしょう。

ほぼ毎夏行っているホノルルで全米弁護士会の総会が開かれたことがあります。ちょうどその時期にチェックインした私に、フロントの顔なじみの男は、

(17) I would drive very carefully, Mr. Imai: the roads are packed with lawyers. (運転には十分お気をつけくださいよ。道路は弁護士だらけですから。)

と言って笑いました。弁護士相手に事故を起こしたら、どんなにふんだくられるかわからない、というわけです。

弁護士の費用は高い、というのはジョークの種の定番になっていて、当の弁護士がこれを種にした冗談を言うほどです。私のポロ友達にスティーヴという弁護士がいて、その息子のアレックスはまだ 10 代ですがゴルフが素晴らしく上手く、プロを目指しています。ハワイ州のアマチュア大会では何度も優勝していますし、2008 年のソニー・オープンのいわば余興では、すでにプロになっている若手のミシェル・ウィーと組んでドラコン(飛距離を競う競技)に参加し、みごと第 1 位になりました。余談ですが、アレックスもミシェルも、アメリカ大統領・オバマ氏と同じくプナホウという高校の出身者です。プナホウは勉強・スポーツ

の両方で、ハワイ随一の名門と聞いています。それはともかく、お父さんのスティーヴは弁護士の仕事そっちのけで、息子のキャディーを務めています。ソニー・オープンの際、新聞記者に取材されたときのスティーヴの答えの一部が(18)です。

(18) アレックスはここでは多分弁護士をキャディーとしてやとっている唯一の選手だと思います。だから今週末にはアレックスのところに私からの請求書が届くはずです。（I think he's the only player out here with a lawyer on the bag, so he'll get my bill at the end of the week.）

弁護士に仕事を頼むと高くつく、という「一般的知識」を利用したジョークですね。

　ハワイのポロ友達にはもう1人アランという弁護士がいます。弁護士になる前は判事でした。ふだんはもちろんアランと呼びかけますが、法律上の相談（と言っても、ビールの1本ぐらいなら飲んで運転しても罰せられることはないだろうね、という程度のことですが）を持ちかけるときはわざとYour Honour（裁判長殿）と声を掛けてから訊くことにしています。つまり判事だった君に訊いてるので、弁護士としての君に訊いているのではないから、相談料は取らないでくれよ、というこれもジョークなのです。

4 ユーモアとエチケットの間

日本人も、特に親しい友達などの間では、お互いにからかったりからかわれたりしますね。ただ英語国民の使うからかいは、日本

の標準からすると「冗談キツイよ」という反応を呼びそうな、相手を怒らせる一歩手前と言えるタイプのものが多いのです。

シカゴ大学にジム・マコーリーという優れた言語学者がいました。来日した際に我が家に泊めてやりましたが、そのお礼に中華料理を作ってくれると言います。ジムは食い道楽なだけでなく、自ら料理をこなし、特に中華料理は得意だと前から聞いていました。東京には良い品が少ないからと、わざわざ横浜の中華街まで材料を買いに行ってくれたし、料理の手つきの見事さなど、そばで見ている私にはただただ驚異でした。

ただ、アメリカ人としても背の高いジムに、我が家の調理台が低すぎたためもあったのでしょう、包丁で指に傷を作ってしまいました。すぐに絆創膏を貼ってやろうとしたのですが、慌てていたせいかなかなかうまく行きません。ジムは

(19) I'm glad you've taken up linguistics.（君が言語学専門でよかったよ。）

と言いました。医者になっていたら被害にあう患者がさぞかし続出したろう、というからかいのことばです。

ハワイのワイキキ海岸の東側にカピオラーニという公園があります。名前のとおりその大部分は緑地ですが、周囲には高級なレストラン、クラブ、住宅などが建ち並んでいます。この地域を19世紀末ないし20世紀初めに撮った写真があります。オアフ島の名所ダイアモンドヘッドを背景に建物など何もない、むしろ荒れ地とさえ言いたい平地が拡がっていて、そこでポロの試合が行われています。スタンドなどはなく、観客はみな自分たちの乗っ

てきた馬車に坐って試合を見ています。本物は、写真というものが珍しい時代だったせいもあるのでしょう、博物館に陳列してあるのですが、そのレプリカをくれた人がいるので我が家の居間の壁に飾ってあります。ラリーというアメリカ人を招いたときにこの写真を見せたら、ひとしきり感心してみせたあとで、写真の中の人物を捜すふりをしてこういいました。

(20)　Where are you?（君はどこに写ってるの？）

確かこのときは1990年代でしたからこの写真に写っていたとすれば、大変な年齢になります。つまりラリーは私をギネスブック級の老人扱いしてからかったわけです。

　最近、このときのことを思い出して、上手な切り返しができなかったことを今さらのように口惜しがったら、家人が「だってそのまえに貴方だってラリーにひどいこと言ったんですもの、おあいこよ」と言います。それで記憶が蘇りました。(20)を言われる2、3週間前、ラリーが彼の家へわれわれ夫婦をよんでくれました。ラリーはそのころ40歳代の前半だったと思いますが、頭髪とは完全に縁が切れていました。結婚式のときの写真を見せてくれましたが、このころは流石に頭はふさふさとしていました。思わず、

(21)　Who's this good-looking young man?（この若い好い男はだれだい？）

と言ってしまったのです。私は紛れもない日本人ですが、英語で

英語国民に話すときは、無意識に標準英語の発音と文法を心がけていると同時に、これまた無意識のうちに英語国民的発想法をしてしまうのでしょう。

初めて日本対ハワイのポロ試合をしたときのことです。試合後、観客の中の元上院議員(ハワイ州の、だと思います)と名のる老人が話しかけてきました。連れていた犬が一瞬シェパードのように見えたので、立派な German shepherd ですねえ、と言ったら、いくぶん不服そうな顔で「いや、Canadian mountain dog じゃよ」と訂正されてしまいました。なるほどシェパードよりずっと大きいし、耳も垂れています。試合の勝利と祝いのシャンペンでかなり浮かれた気持ちになっていた私の口からは、ごく自然に

(22)　Oh? I beg its pardon.

が出てしまいました。「こりゃ、ワンちゃん、失礼しました」とでも意訳しましょうか。I beg your pardon. なら飼い主に対する謝罪ですが、(22)は「おやおや、あなたに謝る必要はないけど、ワン公には失礼した」という趣旨の軽口です。元上院議員氏は Don't talk to me like that.(そんな口の利き方があるかい)とは言いながらも、「ところでこれからの中国は(自由世界にとって)脅威になるんじゃないかねえ」などと、政治家らしい話をふってきました。1970年代前半のことだったので、「まあ国内があの調子なら、当分大丈夫だと思うよ」などともっともらしい意見を述べたのを覚えています。

ボブ・シュライヴァーというポロ選手とその妻ジーニーは、おそらく私たち夫婦がハワイでもっとも親しく付き合った夫婦で

しょう。残念なことにボブは先年急死し、ジーニーも米本土へ帰ってしまいましたが。それはともかく、彼らが私たちを初めて自宅によんでくれたとき、日本でみやげに買ってきたらしい薦被(こもかぶ)りの10センチほどのミニアチュアが飾ってありました。残念ながら上下逆さに置かれていたので、私がそっと直しました。気づかれないようにしたつもりでしたがジーニーがめざとく見つけて「あら恥ずかしい。逆さまだった？　日本語が読めないものだから」と言い、月桂冠だったか菊正宗だったか、ともかく樽に書いてある酒の商品名を指して「何て書いてあるの？（What does it say?）」と訊きます。私はすぐさま

(23)　It says, "THIS SIDE UP".（「天地無用」って書いてあるのさ。）

と答えました。（「天地無用」とは「逆さにしないように」という意味です。）日本語的感覚からするとこれはかなり意地悪です。英語に堪能でない日本人（たとえば義務教育以後英語学習に縁の無かった人）が、英語が原因で誤りを犯した場合、私は決してその人に日本語で(23)に類するようなからかいのことばは発しません。ところが英語で話していると(23)などを言ってしまうのです。ジーニーの反応も、不快のそれではなく、心からこのジョークを楽しむ高笑いでした。

　このジーニー、気の毒にその後乳ガンにかかり、両方とも切除しました。このことを知らせたメールには医師や看護師がいかに親切であったか、手術がいかに楽に行われたかなどが書かれていました。この種の手紙に泣き言を書いて相手を困らせないよう気

を遣うのは洋の東西を問わず常識でしょうが、ジーニーのメールには話を滑稽な方へ滑稽な方へと持っていこうという気持ちが見られました。立って下を向いても何にも見えないのは妙な気持ちよ、とか、昨日また形成外科医がインプラント(移植組織)の見本を持ってきたけど大きいのばかり奨めるの、あの人 boob man なのね(女性美の中でも特に boobs (オッパイ)にこだわる男は boob man、オミアシに惹かれる男は leg man などと言います)、とか、この boob man 氏が自分のセーターの下に見本を入れて見せてくれたけど、そのおかしさといったら、とか、形成外科医がインプラント挿入予定箇所(の組織をあらかじめ拡張するのだそうです)を左右均等にしそこなったので、このままだと右は肩の上、左は脇の下に来そうだ、とか、いくら滑稽さを意図してくれても、こちらは到底笑う気にはなれませんが、それでも患者が勇敢に疾患に立ち向かおうとしている気持ちは十二分に伝わります。

　(19)～(23)のような「悪意のないからかい」をバンター(banter)と言います。けれども、悪意があるかないかを判断するのは最終的にはバンターを言われた側の性格や、そのときの虫の居所ですよね。(20)を発して私をからかったラリーは海軍中佐で、在日米軍本部に勤務していました。同僚の陸軍中佐チャックが司令官か何かの秘書に任命されたことを知ったラリーは、チャックに会うなり、

(24)　How come you're not in skirt?(どうしてスカートはいてないんだ？)

とからかったそうで、それを聞いたチャックは本気になって怒っ

たとのことです。チャックは、人の良い、生真面目タイプでした。そもそもラリーのバンターの背景には「秘書なんて女程度でもできる仕事だ」という、いささか性差別的考えがあったわけで、差別撤廃主義の女性にも怒られそうですが、(24)を言われて憤慨したチャックも理屈から言うとそういうことになりそうです。

　もう1人知り合いのアメリカ人に大きな保険会社の極東支社副社長ながら、いささかあわてん坊で三枚目的なマイクという人物がいました。当然バンターを言い合う仲でした。ところがあるとき、マイクの奥さんのデビーがいる前で私がマイクをからかうジョークを口にしたら、マイクは笑っただけでしたが、デビーにはキッとした表情で

(25)　That's very funny, Kuni. VERY. VERY funny!（結構な冗談ね、クニ。結構この上ないわ。）

と言われてしまいました。(25)はもちろん反語的な表現で、「私の大事なマイクを種にそんな冗談を言うなんて失礼な！」という抗議のことばです。

　これに近い、笑いをとれるか不興を買うかの瀬戸際的ジョークを言ってしまったことがあります。アメリカ人は、野球帽やそれに類した形の帽子が好きですね。ハワイのポロ選手も、馬から降りているときはあの帽子を被っているのが普通でした。私も一度は真似をしてみましたが、どうもあれは好きでないので、馬事公苑で乗るときのために作らせた白いメッシュの peaked hat（学帽・多くの軍帽・警官の帽子などのように前にだけひさしがある

キャップ)をつぎのシーズンから被ることにしました。試合の日、その帽子でポロ・フィールドへ行ったら、だいぶ離れたところにいたボブが

(26)　Kuni, you look like a Japanese submarine commander.（クニ、日本の潜水艦隊司令官みたいだぞ。）

と言います。反射的に、

(27)　… attacking Pearl Harbor?（真珠湾攻撃のか？）

ということばが出てしまいました。これは失敗したかな、と思ったのですが、私のいた周辺で笑い声が起こっただけでした。ボブは、遠くにいたのと、ベトナム戦争でおそらく大砲砲撃のために聴力が低下していたこともあって、どうやら私の発話が聞こえなかったらしいのです。後日、ボブとジーニー夫妻と、その近くに住む退役海兵隊中佐のケンを加えてダイアモンドヘッド近くにある軍のクラブで食事をしたときのことです。この場所を主張したのはケンだそうで、ボブは何もこんなところで食べなくても、と不機嫌だったと、あとでジーニーに聞きましたが、こちらは制服を着た兵隊が直立不動で宙をにらみ Yes, sir!, Thank you, sir! と給仕を務めるのが面白く、結構楽しみました。クラブには映画館もあります。帰りがけその横を通ったとき、ジーニーが「真珠湾攻撃のときね、クニ、この映画館でね…」と言いかけたら、ボブが「ジーニー！」と鋭い声でジーニーを制しました。ジーニーの口調からして「ここで滑稽なことが起こったそうよ…」といった内

容のことを言おうとしたらしいのですが、夫の叱責で黙ってしまったのでわかりません。いずれにしてもボブが日米間の戦争についてこれだけ気を遣っていることがわかったので、(27)がボブに聞こえなかったのはよかったと思いました。

　相手の国との戦争の話は、いずれにしても微妙です。これからお話しするのは「発話」に関する発想の英米対日本の差、というこの本のテーマと多少はずれるかもしれませんが、無関係とも言えないと思います。私たち夫婦が首都ワシントンを訪れたときの退役陸軍大佐ジョージとその妻ジェイン（彼女も衛生隊の大佐でした）の歓待ぶりは今も忘れられません。こちらの到着以前から毎日のようにポトマック河畔の桜の開花予想を知らせてくれるやら、リンカン大統領が暗殺されたフォード劇場でのミュージカルの切符を取っておいてくれるやら。煙草吸いだった私のために各部屋に灰皿を置いてくれたり、昔のイギリス風の朝食がないと朝が始まらない私のために、近ごろ英米ではあまりはやりでないベーコンやら卵やらの「重い」朝食を作ってくれました。植民地時代の「生きた博物館」と言われるウィリアムズバーグを観たいと言ったら、あそこはやはり一泊した方が楽しいからと、ホテルも４人分予約してくれました。ワシントン市内の名所ももちろん案内してくれました。たった１つジョージがおかしてしまった社交上のミスは、あの「硫黄島メモリアル」の前で車を停め、私に「降りてよく見るか？」と訊いたことです。硫黄島での戦いでは米軍は原爆投下など、日本本土への非戦闘員殺傷を目的とする爆撃のような卑怯なことをしたわけではなく、両軍正々堂々と闘い、兵力・武器弾薬量の差から我が軍が全滅したわけで、この戦闘にする限り米軍を恨む理由はありません。しかし負けたこと

が口惜しいのは事実ですし、相手の勝利の記念を詳しく観たくないのは当然でしょう。このときばかりは私も No, と低い声で言い、わざと間を置いて thank you. と言いました。他の点では親切の限りを尽くしてくれたジョージに 1 回だけとは言えこういう態度をとらなければならなかったのは残念でしたが、致し方ありませんでした。

　アルテミスの神殿で名高いトルコのエペソスを訪ねたときのことです。トルコ人のガイドが私たち団体観光客それぞれの国籍を尋ねました。当然かもしれませんが、ギリシア人がたくさんいました。「あなた方は？　ほう、やはりギリシアですか？　おや、あなた方も！」と感心して見せた後、ガイドはただ 2 人の東洋人客だった私たち夫婦に「あなた方は？」と訊きます。「We are from Greece, too.（われわれもギリシアからで）」と答えたので満場爆笑となりました。これはごく軽度のジョークで、be from 〜というのは「〜国出身」の意味で使われることが多く、この場合も真面目に答えるなら私は We're from Japan. というべきだったわけですが、私たち夫婦はギリシア本土と、クレタ島を初めギリシア領の島々を観光したあとエペソスへ来たのですから、We are from Greece. でもまんざらウソではないわけです。ともかくこれを聞いたギリシア人の中から 1 人のおっさんが私の隣へやってきて顔を並べ「Do we look alike?（俺たち似てるかい？）」と一同に訊きます。私が、

(28)　No. You're too ugly.（似てないね。あんたは醜くすぎるもの。）

と答えたら一同はさっきの倍ぐらいの、大遺跡を揺るがすような爆笑をあげました。実際、なんとなく薄汚い感じのおっさんでした。これで私がもしアポロのような美男だったとすれば誰も笑わずその場はしんとしてしまったでしょう。こちらも60過ぎのじいさんだったから可笑しかったのだろうと思います。ところでこのとき、私の斜め後ろにいた旅行社の添乗員（ニュージーランド人・女性）が、はっと息を呑む音がはっきり聞こえました。つまり(28)に対しては2つの反応があったことになります。(28)を無条件に可笑しいとして大笑いした観光客（おっさん以外のギリシア人を含む）と、トラブルが始まるのではないかと心配した添乗員とです。

　大昔のロンドン留学のころ、ブリティッシュ・カウンスル（英国文化振興会）が留学生のために主催する、旅行などいろいろな行事に参加しました。そうした旅行の1つに加わったときのことです。同行者に中国の看護師養成学校の生徒が何人かいました。朝食のときにその娘たちの1人がお茶か何かをこぼしました。給仕をしていたイギリス人の小母さんは、

(29)　あらま、いけない子ね。(Oh, you're naughty.)

と、ニコニコ顔で親切にこの娘の服やテーブルを拭いてやっていたのですが、当の娘はあとで「大人に向かってnaughtyなんてひどい」と怒っていました。たしかにnaughtyという語は子供が「いたずらな、腕白な」ことを指すのが本来の意味で、給仕の小母さんには、成人とは言え20歳を超えたばかりぐらいの女の子が可愛いと感じたのでnaughtyを使ってしまったのでしょう。つ

いでですが naughty は大人について使うこともあります。その場合はたいてい「好意的な」意味で使うようです。初めてのデートなのにびっくりするような高価な贈り物をされたり、着衣を付けながら「手の速い」男に流し目で「あなたっていけない方」と女性が言うときはこの意味の Oh, you're naughty. に相当するのだと思いますが、英語でも日本語でも言われたことがあまり、いやまったくないので、私にはよくわかりません。

上の旅行に話は戻りますが、朝食のあと、同行者一同が草の上に座って雑談をしていました。さっきの naughty で怒った娘がふと立ち上がったら、朝露が残っていたせいで、服のお尻の部分が少しだけですが濡れていました。仲間の生徒が拭いてやっているのを見た私の唇から、つい、

(30) How many cups of tea did you have this morning?（今朝お茶何杯のんだの？）

というとんでもないバンターが出てきてしまいました。ところが不思議なことに、軽い笑い声が起こっただけで、本人も怒らなかったし、周りの人からも非難の声は上がらなかったのです。

神奈川県の三浦半島に三浦国際乗馬クラブというところがあります。ここでポロの真似事をしていたころ、名前は忘れてしまいましたがイギリス人会員がいました。雑談をしていたら、自分の本格的趣味はヨットで、馬の方は最近始めたばかりだ、と言いました。たしかにあまり上手ではありませんでした。こちらもつられてうっかり「じゃあなたは a sailor on horseback（場違いの人間だね）」と言ってしまいました。これも相手が怒るかもしれな

い危ないジョークでしたね。ところが相手は少しも怒らず「うん、だから I'm always all at sea.(どうしていいかわからず困ってるよ)」と答えました。つまらない口げんかをするより、お互いに慣用句を使って楽しむ方を選んだのでしょう。

　先に触れたアフリカ旅行のときです。私以外の客は全員アメリカ人、と言いましたが、ガイドはイギリス女性でした。ただし生まれも育ちもケニアで、イギリスには行ったことがないとのことでした。本国(？)のイギリスでは、黒人に対する偏見を、本心はどうあれ、公然と口にしたりする人はほとんどいなくなりましたが、このガイド(キャシーという名だったと覚えています)は、旧イギリス植民地のケニアやタンザニアの住民たちをどうも「土人」視している観がありました。あるところでその地域の若い娘たちのダンスを見物したのですが、キャシーは私にこう言うのです。「ねえクニ。この中の1人日本に買って帰ったら？　あの左から3番目の子なんて悪くないじゃない」。あまり愉快ではありませんでした。キャシーが白人の踊り子たちに関して同じことを言うとは考えられなかったからです。グループ唯一の東洋人である私には、客ということもあって、親切でしたが、やはりこの非白人をからかってやりたいという気持ちはあったようです。3週間の旅も終わりに近づいたころ、一番大きな部屋をあてがわれた客のところにグループ全体で集まり、酒を飲んで雑談をしました。やがてキャシーの曰く「ねえ、日本ではお辞儀が挨拶でしょ？　お辞儀ってどうやってするの？　あたしにお辞儀をしてみせて」。向こうもお辞儀を返すならともかく、そういう様子ではないので私はつぎのように言いました。

(31) You see, Cathy, you only bow to someone who you truly admire.（ねえ、キャシー、お辞儀というものはね、自分が心から素晴らしいと思う人にだけするんだよ。）

キャシーは怒った顔をしてその辺にあるクッションやら枕やらを私にぶつけてきました。admire someone というのは someone の業績や偉大さを賞賛する意味にも使いますが、someone が女性なら、その人に「恋い焦がれる」という意味にもなります。キャシーは、事実、顔の肌などは職業上アフリカの陽を存分に浴びてその影響を受けていましたが、なかなかの美人であり、それを十分に意識していたようです。そのキャシーに「あなたはそれほど魅力的ではない」と言ったも同様なのですからある程度怒ったのも無理はないでしょう。もっとも周りのアメリカ人は遠慮なく大笑いをしていましたから、それほどひどいジョークではなかったと言えそうです。

　ところで、キャシーのお辞儀に関する挑戦も、実は仕返しだったのではないかとあとで気がつきました。こうした動物見物ツアーのホテル代金はすべて現金だそうで、ということはガイドたるキャシーは客約10名×3週間分の宿泊費を現金で持っていたことになります。あるときつぎの動物保護区へ行く飛行機を待っている間、キャシーは手洗いにでも行くためか、私にカバンというか袋、つまりバッグを渡して「頼むわね。例の現金の入った奴だから」とささやきました。周りには別のツアーの人間や、ホテルなどの使用人や、さらには何となく旅行者を見物に来たような住民や、いろいろいます。私も心配ですから尻の下にそのバッグを置き、どっかと座っていました。戻って来たキャシーはバッグ

第2章　ユーモア通用範囲の違い

が私の手にないのを見て、あのバッグはどこ？　と心配そうに訊きます。A bag? What bag? ととぼけたらキャシーの表情が心配から恐怖に変わりそうになったので、あわてて Here you are! とバッグを尻の下から出して渡しました。私も 40 になろうかという年でした。ずいぶん子供っぽいいたずらをしたものです。この仕返しだったのなら、お辞儀ぐらいしてやってもよかった、と何十年か経った今、思っています。同サファリの最中、1 つの動物保護区からつぎの保護区へ移るための飛行機待ちをしていたときです。他のグループの中に東京に住んでいるというイギリス人がいて、私に「水問題は解決したよ」と教えてくれました。そういえばこのころ、空梅雨が原因で夏場になると水道水が足りなくなり、陸上自衛隊の給水車が家庭に配水するなどのことがありました。このイギリス人はつぎにわれわれのグループのアメリカ人たちに向かって「そっちの水問題は未解決のようだけど」と言います。アメリカ人がきょとんとしていると、「ほら、あの Watergate 事件だよ」と笑いました。これは 1972 年、共和党運動員が民主党本部に侵入してスパイ行動をおこなった事件で、のちに米 37 代大統領ニクソンはこれが一因なって辞職を余儀なくされました。あまり良いジョークであったとは言えません。

　最近も、安倍・福田・麻生と短命内閣が続きましたが、1980 年代の終わりから 1990 年代の初めにかけても、宇野・海部・宮沢・細川…という風に総理大臣が次々に替わった時期がありました。このころ、先ほど話がちょっと出たアメリカ海兵隊中佐ケンの奥さんで少々アル中気味のバーニーがとろんとした目をして

(32)　Who's the Prime Minister of Japan this week.（今週の日本の

首相は誰？）

と言いました。とたんにケンが「バーニー！」と叱声を発しました。普段はバーニーのすることを大目に見ているケンも、これは失礼に過ぎると思ったのでしょう。私のイギリス留学中、大統領の権限を強化する憲法改正をおこなったドゴールが第 5 共和制を敷くまでのフランスは、政局が不安定で首相が始終替わっていました。で、私たちはイギリス人と一緒になってフランスを馬鹿にし、「ロンドンに来る観光客はバッキンガム宮殿に行って衛兵の交代を見物するが、パリへ行く観光客はマティニョン（総理官邸）に行って首相の交代を見物する」などと言ったものです。けれど、フランス人の前では言いませんでしたね。このように、ある種のユーモア、特にバンターは、相手により、状況により、また相手の虫の居所により、楽しい笑いを引き起こすか怒りを呼ぶか、なかなか予知しにくい面を持っているわけです。

5　人種をタネにしたジョーク

いわゆる ethnic jokes、つまり民族・人種の文化や行動の特徴をタネにしたジョークにも日本製のものはないようですね。なぜだかよくわかりません。やはり日本人の心情からすると、これはユーモアの足を踏み入れるべきでない領域と考えられるからでしょうか。

(33)　タイタニック号のような豪華客船が巨大な氷山に衝突して沈みはじめた。救命ボートの数は少ない。女性と子供を優

先して乗せざるをえない。船長は男性客を納得させるために、それぞれの国の男性客達に言った。

イギリス人へ「あなた達は紳士です」
　　　　　　　　　（結果：イギリス人、海に飛び込む）
アメリカ人へ「あなた達こそ真のヒーローです」
　　　　　　　　　（結果：アメリカ人、海に飛び込む）
ドイツ人へ「これはルールです」
　　　　　　　　　（結果：ドイツ人、海に飛び込む）
日本人へ「他国の人は皆そうしてますよ」
　　　　　　　　　（結果：日本人、海に飛び込む）

紳士であることを最大の名誉と考えるイギリス人、ヒーローが大好きなアメリカ人、杓子定規に法を守りたがるドイツ人、そして他国がやっていることでないとやるのが不安な日本人。たしかに特徴が出ていますね。もちろんステレオタイプですから、これに矛盾する事実は存在します。たとえば自分の国の憲法に第9条のようなバカバカしい項目を設けている点では、日本は「他国が決してやらないこと」をやっているのですから。

(34)　ロシアがある発明をしたと発表した。
　　　するとアメリカが、それはすでに我が国が特許を取っていると発表した。
　　　それを聞いて日本が、それならすでに商品化している、と発表した。
　　　そのころ、すでに中国産の海賊版があふれていた。

ソ連時代のロシアは、歴史上重要な発明・発見はみなロシア人によるものだと主張しました。中には野球も本来はロシア伝統のスポーツだという珍説も含まれていました。アメリカは特許が早く取れるので有名ですね。我が国はたしかにある時期まで、他国の人が発明したものを商品に応用する巧みさで知られていました。中国による国家ぐるみの海賊版作成は国際問題になっていますね。

(35) 濃霧のために旅客機がどこを飛んでいるのかわからなくなりました。乗客の1人が窓から手を出して、「あ、ここはニューヨークだ。エンパイア・ステート・ビルが手に触ったよ」と言いました。しばらくして別の乗客が「ロンドンだ。セント・ポール寺院の十字架が手に触れた」。またしばらくしてつぎの乗客が手を窓から伸ばしたと思ったらすぐ引っ込めて「あ、ローマだ」と言いました。周りの人が「コロッセオにでも手を触れたのかい？」と訊くと、この気の毒な乗客曰く「腕時計を盗まれたんだ」。

これは、ローマはスリや掻(か)っ払いが多いのでお気をつけくださいという、イタリア旅行のときのイタリア人ガイドの警告に使われたジョークでしたが、大声で笑う観光客はいませんでした。やはり悪口の対象となっている国の人自身に言われたのでは笑いにくいですね。

(36) 世の中で何が一番速いか、という話になりました。いろいろな国の人がジェット機だ、いや台風だ、といろいろなこ

とを言いましたが、最後にフランス人が言いました。「それはコキュ(cocu; 寝取られ男)になることさ。だって dans un instant(in an instant; あっという間)のできごとだもの」。

フランス人はセックスがお盛ん、というステレオタイプから、寝取り男(？)が多いから当然寝取られ男も多い、ということでフランス人が選ばれたのでしょう。

6 ブロンドと老人の共通点？

あと日本にないジョークのタイプに blonde jokes(ブロンド・ジョーク)があります。金髪(ブロンド)の持ち主が考えること、することはすべて間抜けだ、という前提に立ったジョークです。

(37) ブロンドの女性が少し肥り気味になったので、医者はダイエットを命じました。「2日間は普通の食事でよろしい。3日目は食事なし(skip a day)。そうすれば今度会うときは少なくとも5ポンドは減っているでしょう」。
　　3週間ほど経ってブロンド女性が医者のところへ来たときには体重は20ポンドも減っていました。
　　「すごいわねえ！」と医者は言いました。「私の指示に従ったのね？」
　　ブロンド女性はうなずいて「そうです。でも3日目ごとに死ぬかと思ったわ」。医者は「おなかがすいて、でしょ？」と訊きました。

「いいえ。スキップのせいよ」というのがブロンド女性の答えでした。

医者の言った skip（やめておく、抜かす（この場合食事を））をブロンド女性は「1日中スキップで走る」と思い違えたわけですね。

(38) 2人のブロンド女性が麦畑のそばを車で走っていました。すると、畑の真ん中を1人のこれまたブロンド女性がボートに乗って漕いでいるのが目に入りました。

　車の2人のうち、運転していた方が言いました。「ねえ、ああいうブロンド女がいるから私たちがみんなバカだと思われるのよ」。

　もう1人が答えます。「本当にそうよ。私がもし泳げたら、あそこへ行ってあの女を溺らしてやるんだけど」。

日本にブロンド・ジョークがない理由は簡単ですね。日本には本来的にブロンドがいないからです。例外的に白人との混血の人でブロンドという劣性遺伝を発現した人とか、金髪で日本に帰化した人が考えられますが。黒髪をブロンドに染めている人は問題外です。

　それにしても、なぜ欧米でブロンドはバカ、ということになってしまったのでしょうか？　最初はブロンド女性は一般的に男性にもてるので、それに対するひがみから来たのかとも思ったのですが、つぎのように男性でもブロンドはバカ、というジョークもあるので、ひがみ説は成立しないようです。

(39) バーのカウンター席に座っていた目の不自由な男がバーテンダーに大声で言った。「ブロンド・ジョークがあるんだけど、聞きたいかい？」

隣に座っていた男が声をひそめて言った。「ジョークを言う前に教えておかなくちゃいけないんだが、ここのバーテンはブロンドだし、用心棒もブロンドなんだ。俺はブロンドで身長6フィート、体重200ポンドで空手は黒帯だ。俺の左に坐ってるブロンドは6フィート2インチ、225ポンドでラグビー選手だ。お前さんの右に坐ってるのブロンドは6フィート5インチで300ポンド近いプロレスラーだ。つまり5人ともブロンドなんだ。よく考えてみな。やっぱりジョークを言いてえか？」

「冗談じゃない。ジョークはやめだ。同じ話を5回も解説してやらきゃならないなんてまっぴら御免だよ」。

老人をタネにしたジョーク（old people jokes）も、英米では1つのジャンルとなっていますが、日本にはあまりありませんね。敬老の精神がまだ残っているのでしょうか。つぎの例はむろんアメリカのものです。

(40) 3人の老姉妹が1軒の家に一緒に住んでいました。年齢は上から順に96、94、92歳でした。96歳の人が浴槽に湯を張りました。彼女は浴槽に足先を入れようとして、ふと思いとどまりました。そして階下の2人の妹に大きな声で訊いたのです。「ねえ、わたし、お風呂に入ろうとしてたのかしら、それとも出ようとしてたのかしら？」

94歳の妹が大きな声で答えました。「さあ、どっちかわからないわ。そこへ上がって行って確かめてあげましょう」。
　そう言って彼女は階段を上がり始めたのですが、途中でとまりました。そして言ったのです。「あら、あたし階段を登ってたのかしら降りてたのかしら？」
　92歳の妹は、台所の椅子でお茶を飲みながら2人の姉たちのやりとりを聞いていましたが、やれやれという風に頭を振りながら「あたしはあれほど忘れっぽくないわ。おっとKnock on wood（ネメシス様、ごめんなさい）。それから彼女は上にいる2人大きな声で言いました。「そっちへ上がっていって2人の手助けをしてあげるわ。でもご来客のようだから、ちょっとの間待っててね」。

さあ、これは日本と英米の習慣の違いがありますから、どうしても解説が必要です。この場合のように「私は忘れっぽくない」とか、「お陰様で風邪も引かないし、血圧も正常です」という程度のささやかな「自慢」でさえも、それを言うとネメシス（Nemesis）という報復の女神に罰せられるという迷信があります。うっかり言ってしまったらKnock on wood!（イギリスではTouch wood!）と唱えてその辺にある木製のもの、たとえばテーブルに触ったり、あるいはそれを軽い叩いたりすれば罰を免れるということになっています。ネメシスはギリシア神話の女神ですし、木に魔よけの作用があるという考えもキリスト教以前のものです。クリスマス・ツリーを飾るのも、キリスト教から見れば本当は「異教徒」的習慣ですね。それはともかく老姉妹の下の妹は、

Knock on wood! と唱えてテーブルか何かをトントンと叩いた一瞬後にはそれを忘れてしまい、トントンという音は人が訪ねてきてドアを叩いた音だと思ってしまったのですね。

第3章
発話の内容はだれの考えか？

1　相手・他人・架空の第3者

第1章の(24)を(1)として下に再現しましょう。

（1）　Bill　：Peter is well-read.（ピーターは多読・博識だね。）
　　　　Mike：<u>Peter is well-read, indeed.</u> He's even heard of Shakespeare.（そうとも。ピーターは多読・博識だ。シェイクスピアという名前さえ知ってるくらいだ。）

この問答について、下線部、つまりマイクの言っている Peter is well-read. は発話者マイクの考え・意見ではないと第1章に書きました。では誰の考えでしょう？　あの章にも書いたとおり、これはビルの言ったことの繰り返しです。つまりマイクの Peter is well-read. はマイク自身の考えではなく、ビルの考えです。ビルはピーターが本当に多読・博識と信じているので、ビルの Peter is well-read. はたしかにビル自身の考えです。

　つぎの例を見てください。

（2）　What a beautiful day for a picnic!（なんて素晴らしいピクニック日和(びより)でしょう！）

この発話がピクニックの最中に突如として降り出した大雨の中で言われたとしましょう。だとすれば(2)が話し手の考えでないことは確かですね。ではピクニックに参加した他の人でしょうか？　そういう場合も考えられます。(2)の発話者をメアリとしましょう。メアリの夫ジョンが前日から「明日の天気は上々だぞ」と言

い続け、当日の朝も、事実天気が良かったので「ほら、素晴らしいピクニック日和だ」と言ったとします。とすれば(2)はジョンの考えで、メアリはそれを繰り返すことで「貴方の言ったことは全然当たらなかったじゃない」とジョンをからかっているのです。

　もう1つの可能性として、(2)でメアリが繰り返しているのは、ジョンでも他のピクニック参加者でもなく、いわば「架空の第3者」である場合があります。この場合(2)を噛み砕いて訳せば、「このざんざん降りを"素晴らしいピクニック日和"と呼ぶ人がいたら、滑稽な話だ」ということになるでしょう。どちらの場合も、(2)はアイロニーです。

　「架空の第3者」などを引き合いに出す、というのがピンと来ない、という読者があるかもしれません。けれどもつぎの例の下線部を見てください。

（3）　あれだけ働いても、税金を引くと手取りはこれだけ。有り難い話だ。

この下線部は、もちろん話し手の意見ではありませんね。話し手は有り難くない気持ちを表明しているわけです。といって別に税務署員が「どうだ、有り難いだろう」と言ったわけでもありません。「不当に高い税金を取られて"有り難い"と感じたり言ったりする人がいれば滑稽だ」というのが(3)の意味するところです。

　私たちは、ともすると、発話の内容は、その人がウソをついていることが明白である場合を除いて、「それ（＝発話の内容）は話

し手の考え・意見だ」と思い込みがちです。言語の研究をしている人でも、そのように思い込んでいる人がいます。(1)の下線部、(2)、そして(3)の下線部を見ればその見方が間違っていることがわかりますね。とすると、

（4）　発話というものは、<u>誰かが</u>真だと考えていることを、話し手がことばで表現したものである。

と言えます。下線部の「誰かが」の部分が大事ですね。(1)のビルが言っている Peter is well-read. は自分が考えていることですが、マイクの言っている Peter is well-read. は自分ではなく相手、つまりビルの考えです。(2)というアイロニーの対象は、1つの解釈では話し手メアリの相手、つまり夫だし、もう1つの解釈では「架空の第3者」ですね。(3)の下線部も「架空の第3者」の考えです。

2　バンター再び

(1)の下線部、(2)、そして(3)の下線部は、いわゆるアイロニーですね。「反語」などと訳されて、よく「あることを言ってその文字どおりの意味と反対の意味を強調的に表現すること」と定義されることがありますね。たしかに(1)の下線部、(2)、そして(3)の下線部は文字どおりの意味と反対の意味を強調的に表現しています。しかしつぎの場合はどうでしょうか。状況は(1)と同じくピクニックの最中に大雨が降ってきた場合としましょう。

第 3 章　発話の内容はだれの考えか？

（5）　Did you remember to water the flowers?（忘れずに（花壇の）花に水をやってきたかい？）

花壇の花は大雨なのですからさらに水をやる必要はありませんね。それなのにわざわざ（5）という質問をすることはナンセンスです。つまり（5）の発話者はこうしたナンセンスな質問をする「架空の第 3 者」を装ってジョークを言っているわけです。これもアイロニーの例ですが、別に事実の逆を言っているわけではありませんね。日本人はあまり（5）のような発話をしませんから、（5）をまともに受けとって、「だってそんな必要はないでしょう」などと応じたのでは話がかみ合わなくなるので注意しましょう。第 1 章の（12）を再現した下の（6）も、別に「事実の逆」を言ってはいませんね。

（6）　Your wife loves you.（お前の細君はお前を愛している。）

（6）は、別に「貴方の奥さんは貴方を愛していない」と言っているわけではありません。つまり文字どおりの意味の反対を述べているわけではないのです。（6）は「あのヴィデオテープには貴方ばかり出てきて、ゲームの流れがわからない。特にわれわれの活躍ぶりが写されていない。その原因は貴方の奥さんが貴方を愛しているからだ」の一部を言っているわけで、下線部はこの話し手にとっての「架空の第 3 者」の考えです。

　こうしたことは、2 つのことを教えてくれます。1 つは、（4）でいう「ことばで表現したもの」というのは間違いではありませんが、不十分な言い方だ、という点です。発話の話し手は誰かが

73

真だと思っていることのすべてを口に出すとは限りません。その一部だけを言うことが少なくないのです。そこで発話の定義として、下線部を加え、つぎのように考えることにしましょう。

（4'） 発話というものは、<u>誰かが</u>真だと考えていることを、<u>話し手がさまざまな程度の類似性を以て</u>ことばで表現したものである。

　もう1つは、「アイロニーとは何か」ということです。(5)や(6)から、アイロニーとは必ずしも文字どおりの意味の反対を言うことではないことがわかりました。とするとアイロニーとはつぎのように定義されるでしょう。

（7） アイロニーとは、話し手が自分以外の人に暗黙裡に帰する考えを述べ、その考えに対する不賛成、あるいはその考えをからかう気持ちを暗黙裡に示すことである。

定義というものは、多かれ少なかれ難しい言葉遣いになってしまいます。「自分以外の人に帰する考え」というのは「自分以外の人に転嫁した考え」といい直してもいいですね。第1章(26)を(8)として再現してみましょう。

（8）　Bill：I'm a reasonable man.
　　　　Jim：Whereas I'm not!

このJimの発話は、意訳すると「私は道理がわからないと君は言

いたいんだな。失礼な！」となるのでしたね。でもこの下線部に相当する部分は(8)では口に出して言われていませんね。つまりこの部分は「暗黙裡に」Bill に「転嫁されて」いるわけです。そして自分(＝Jim)を「道理がわからない」と暗示している Bill の考えに対する不賛成の気持ちも(8)の Jim のことばには出てきていませんね。これも「暗黙裡に」示されているわけです。

　アイロニーをからかいに使った例をあげましょう。言語学研究でミシガン大学へ出張したことがあります。大学から車で40分ほどのところにデトロイト・ポロ・クラブのフィールドがあったので、毎日のようにそこへ通いました。北緯42度、夏のことで太陽はなかなか沈みませんから練習は午後6時開始でした。だから言語学研究に支障は生じなかったのです。定年退職してから5年も経っているので、今さら必要もないでしょうが、一応言い訳を言っておきます。日曜日は対外試合の日で、このときは昼過ぎから入場料(5ドル程度)を取ってゲームを見せます。私は木戸御免でしたが。こういう日には、プレーヤーの奥さんたちが模擬店をいくつも出してホットドッグ、アイスクリームなどを売り、クラブの収益に協力していました。(私もホットドッグを頼んで代金を払おうとしたら、「ゲストからお金は取れないわよ」と言われ、2本目を頼みにくくなって却って困りました。)一体に、ポロ選手というのは、わがままで奥さんに馬の手入れをまかせたり、クラブのために労力を払わせたりします。アメリカ人の中では例外的亭主関白なのでしょう。前に出てきたポロ選手のボブ・シュライヴァーなどは、良いポロ馬を見つけてどうしてもほしくなり、自分の懐では買えないのに売買契約を結んでしまい、足りない分は奥さんのジーニーが休暇旅行のために一生懸命貯めてい

た預金を下ろさせて補填させました。私は山内一豊の妻の話を持ち出しジーニーを「婦徳の鑑(paragon of feminine virtue)」だと誉め、ボブには「その新しい馬にはJeannie's Holiday(ジーニーの休暇)って名前を付けろよ」などと言ってやりました。

　おやおや、また脱線。話をデトロイトに戻します。プレーヤーの奥さんの1人が「9月に入るともっとハイクラスのゲームがあるのよ」と私に言いました。私は8月一杯でアメリカを去り、東アフリカに野生動物見学に行く予定でした。楽しみで仕方なかったのでクラブの中でもその予定をしゃべりまくっていました。それでも折角教えてくれたのだからと思い、

（9）　Shame I shall have to miss them.(観られなくって残念だ。)

と言ったらば、その奥さんは大声で笑って、

（10）　<u>Of course, it's a shame,</u> 'cause you'll be away in Africa.(そりゃ残念でしょうとも。だってアフリカに行っちゃってるんですものねえ。)

と言いました。下線部分はアイロニーで、(10)を説明的に訳せば、「残念なはずないでしょ。アフリカの動物見物の方がずっと楽しいのに、残念だなんてお愛想を言っちゃって」ということになるでしょう。

　ハワイでのポロ試合で落馬し、頸を痛めました。アメリカでは、こういうときに病院に紹介なしで治療を受けようとしても、来週に来てくれとか再来週まで予約で一杯だなどと言われること

が多いので、プレイヤーの1人に紹介を頼みました。医師はレントゲン写真を見て、「これは頸椎の間の軟骨が減っているところに、落馬による圧迫があったためです」と説明して、牽引に通院をするのも時間が掛かるでしょうからと牽引用の小さな器具をくれました。後頭部を包み込むような布の先にひもがついていて、そのひもをホテルの部屋のドアの結び、自分は仰向けに寝て頸を引っぱる仕掛けになっています。病院を紹介してくれたプレイヤーの秘書にその話をしたら、

(11) So you're hanging yourself every day. Shame on you!(じゃあ、毎日首くくりをやってるわけね。みっともない。)

と笑いました。バンターですね。

　私の家内は汗かきです。南の島オアフ島の夏ですから、当然暑い(朝晩は東京などと違って涼しくなるのですが)。ポロ競技場で大汗をかいている家内を見て、ジーニーはたびたび

(12) You should be in Alaska, instead of Hawaii.(ハワイなんかでなくてアラスカに行けばいいのに。)

と言いました。これもバンターです。(11)も(12)も、日本語に訳してみると、いくぶん意地が悪いように聞こえますね。

　ジーニーの夫ボブが家内と娘を馬に乗せてくれたことがあります。私は別の場所で1人でポロの練習をしていました。家内は馬術にかなりの経験がありますが、娘は初めて馬に跨がるようなものです。同じオアフ島でもワイキキのある南岸と違って、この

あたりは自然がたっぷり残っています。3人は馬に常歩(なみあし)をさせながらのんびりと緑の中を散策しました。山(というよりは丘)を降りて平らな場所へ戻ったころ、ボブが家内に「ちょっと駆け足をするところを見せてくれよ。僕はヤスミ(娘の名)と一緒にここにいるから」というので、家内も別に何とも思わず駆け足をさせました。これはボブの失敗でもあり、3人が出かける前に、皆が乗る馬に充分運動をさせてあるかをボブに訊かなかった私の責任でもあります。というのは、この日の前々日、前日と雨降りで、この馬、厩舎(きゅうしゃ)に入りっぱなしだったことがあとでわかったのです。「運動不足の馬は猛獣だ」と私の馬術の先生であった印南清騎兵(いんなみきよし)大佐が言われたとおり、この馬(Applejack という名でした)は運動不足だった上に、日ごろは100kg以上の大男ボブを乗せてポロフィールドをギャロップ(最速の走り方)で駆け回っているところに、体重半分以下の家内が乗っていても蚊がとまったも同様だったのでしょう。駆け足から勝手にギャロップに入ってしまいました。もうこうなるとなかなか止められるものではありません。前方には道路があって車が走っています。おまけに、家内たちのいる方は高さ3、4メートルにもなるサトウキビが生えていて、車の運転者には道路に飛び出してきそうな人馬がいるなどということは見えません。ベトナム戦争のベテラン、シュライヴァー陸軍少佐も、とっさに作戦が立てられなかったようです。自分1人ならすぐに家内を追いかけてくれたのでしょうが、娘を連れています。自分の馬を走らせれば娘が乗った馬も(群生動物ですから)走り出し、娘が落馬するか、娘を乗せたまま道路に飛び出すか、どちらかに決まっています。仕方なく家内に Jump!, Jump!(飛び降りろ！)と怒鳴ったんだ、とボブは弁解気味に後で

言っていました。家内は、ボブの声は聞こえなかったそうですが、状況からしてこのままでは自動車に激突するのは必定と、思い切って馬から飛び降りました。私は落馬の経験は何度もありますが、走っている馬から飛び降りたことはありません。随分勇気が要ったろうと感心しました。いや、感心ばかりもしていられません。家内はもともと肩を脱臼しやすい体質なので、飛び降りるときに肩ばかりかばったため、頭から先に着地してしまったのです。気絶。救急車に乗せられてからやっと意識を回復したそうですが、救急隊員が意識回復の程度を知るためでしょう、名前や年齢を訊いたそうです。名前はむろん本当の名前を言いましたが、年齢は、流石に女性、実際より7、8歳サバを読んで答えたそうです。娘はてっきり頭を打ったせいだと考え、「違うでしょ、ママ。」と叫ぶので、家内はもう一度気を失う振りをしたとの話です。

　私は前に言ったとおりフィールドでポロの練習をしていたので、報せに来てくれたジーニーの車の後を追いながら病院に行きました。心配なことはないが、後もう少し様子を見たいのでお待ちください、との医師の話で娘とジーニーと一緒に待っていました。娘のショックを少しでもやわらげようと、ジーニーはしきりに娘に話しかけました。母親の指輪やらネックレスやらを預かって身に着けていた娘にジーニーは「素敵ねえ。とっても似合うわよ」といったあと、「でももうじきママに返さなくちゃね」と笑いました。前にも言ったことですが、英語で喋るときはどうも日本語では言いにくいようなバンターがでてきます。このときも思わず私はジーニーの But you'll have to give them back to mommy soon, right? に続けて

(13)　… if she's gonna live.（…生きてりゃね。）

と言ってしまいました。ジーニーは一応 Oh! Kuni! とは言ったものの、別に私を冷酷無情な夫と思った様子はありませんでした。

3　アイロニーが通じないとき

さて、英語というのは私たちにとって言うまでもなく外国語です。外国語を学ぶ場合、単語にせよ文にせよ、いわゆる文字どおりの意味から学ぶのが常道といえましょう。piglet が「可愛いけれど遊びで泥んこになった幼児」を指すとか、She's English. が「彼女は料理が下手だ」を意味する、などというところから始まったのでは、組織的な学習は無理です。ただ、いつまでも文字どおりの意味を追うことばかりを続けていると、外国語で言われたアイロニー、ジョーク等々に接した場合、文字どおりの意味しか取れなかったり、誤解をしてしまう危険が多いので注意しなければなりません。

　私自身の失敗から告白しましょう。またまた半世紀前のイギリス留学中の話です。そのころロンドンでは街の方々に

(14)　Drinka Pinta Milka Day.

という酪農組合か何かの広告がありました。Drink a pint of milk a day.（1日当たり1パイントの牛乳を飲みましょう。）をいわば視覚的にも調子良くしたところがミソですね。これを指差してあるイギリス人が私に

(15) Look, Mr. Imai. That's how we corrupt our own language.（ほら、今井さん、私たちイギリス人はああやって自分の国語を腐敗させているのですよ。）

と言いました。イギリス人の多く（アメリカ人もそうですが）は、自分たちが英語を駄目にしているとなかば本気に、なかば冗談として捉えています。だからこの人もそれを踏まえて冗談交じりの世間話として(15)を発したのでしょう。「全くそのとおりですね。アハハ」などが予期された相づちだった考えられます。ところが、言語学者を志しはじめた若造にはそれがわかりません。「of を a と同じように発音することは昔からありますし、言語というものは時と共に変化していくのが通常で…」などと反応してしまいました。私よりかなり年上だったこのイギリス人は「そうですか」などと言いながら微笑んでいましたが。あの笑いは苦笑であったのだと今では思います。

　もう1つも留学時代の話です。当時（1950年代後期）は、一般のイギリス人は日本のことをほとんど知りませんでした。鉄道はあるか、トキオウ（東京）に地下鉄はあるか、なんて失礼な質問をする人もいました。鉄道は四通八達していて、東京はもちろん他の都市にも地下鉄はある（実はそのころの東京には銀座線と丸の内線の2路線しかなかったのですが）、大体日本の造船量は世界一なんだぞ、トランジスタ・ラジオ知ってるだろ、あれはほとんど日本でできるんだ、などと答えたことが何度あったかしれません。（トランジスタ・ラジオは、それまでの真空管ラジオに比べ、小型で持ち運びやすく、時代の花形だったのです。）ロンドン大学の教授の部屋で指導を受けていたら雪が降ってきました。そ

うしたら教授の曰く「ミスタ・イマイ、これが雪というものですよ」。これはショックでしたね。どういうわけか日本が赤道近くにあると思っているイギリス人は少なくなかったのですが、それはほぼ教育程度の低い人に限られると思っていたからです。もっともこの教授は「古英語」つまりシェイクスピアより何百年も昔の英語や、古アイスランド語、つまりヴァイキングたちの使っていた言語を専攻する浮世離れのした人ですから仕方がなかったのかもしれませんが。下宿のイーヴリン小母さんは、失礼な質問をしたりしませんでしたが、始終「ごめんなさい、日本のことをちっとも知らないで。学校で習わなかったもので」と言っていました。こういうこともあろうかと、ジェトロ（日本貿易振興会）の作った日本紹介のカレンダーを持って来ていたので、それを小母さんに見せては、日本の自慢をしました。造船所、製鋼工場、トランジスタ・ラジオさらにはスキー場の写真まで載っています。あるとき、私がイギリス内の小旅行用に使うために小型のスーツケースを買ってきました。淡い緑のタータンの布製で縁に薄茶の革を貼った、値段の割には見場の良いカバンでした。それを見た小母さんは、しきりにそれを誉めたあと、「これはイギリス製じゃないと思う」と言い出しました。「そんなことないよ。イギリス製だよ」と言っても聞きません。「イギリスでこんな良いものができるはずはない。これは日本製に違いない」と言い張るのです。これは薬が効きすぎたわい、とこのときは腹の中で苦笑したのですが、今考えるとこれは小母さんがお国自慢ばかりしている私をからかっていたのだな、と思います。

　ユーディ・メニューイン（1916–1999）という高名なヴァイオリニストがいました。昭和26（1951）年に来日して、このころはま

だ外国の演奏家が来日することは珍しかったのでずいぶん話題になりました。時の首相吉田茂も演奏会に行ったのですが、記者団に「今日はメニューヒン（そのころの新聞などではヘブライ語に敬意を表してか"イェフディ・メニューヒン"と表記していました）のピアノを聴いてきた」と語りました。首相はメニューインの演奏が気に入らなくて、伴奏のピアノの方がよかったくらいだ、と皮肉を言ったわけです。（事実メニューインには体の故障のせいもあって、その演奏には出来・不出来の差が大きかったと言われます。）ところがこのユーモアは記者には通じませんでした。翌日の新聞には吉田首相がいかに音楽的教養がなく、ヴァイオリンとピアノとの区別もつかない、という記事でいっぱいでした。もともと外交官で、海外の生活も長く、駐英大使なども務めた吉田のアイロニーは、数年前までは軍部礼賛の記事ばかり書き、また終戦（1945年）後は共産主義勢力を浸透させることに血道を上げていた記者の硬直した頭脳には無縁のものだったためでしょう。ついでに言うと、この原稿を書いている時点で総選挙に大敗し首相を辞めた麻生太郎氏は吉田の孫ですが、漢字を誤読して嗤われることはあっても、お祖父さんのユーモアのセンスはないようですね。

　石田三成は関ヶ原の戦に敗れ、徳川方に捕縛されます。処刑直前、喉が乾いたので警備のものに茶を所望したところ、「茶はないが柿ではどうか」との反応でした。三成が「柿は身体を冷やすゆえ、好ましからず」と答えると、警備のものは「命の果てが近いのに身体をいとうとは、卑怯者だ」と嗤った、という逸話があります。これは通常、三成が「大志あるものは最後の最後まで望みを捨てない」ことを主張したものと解されていますが、私はこ

れを三成の最期に臨んでのユーモアではないかと考えています。超優秀な官僚であり、おそらくは洒落た人間であったろう三成のジョークが、東夷(あずまえびす)には通じなかったのではないでしょうか。ほかならぬ東夷の子孫である私としては、あまり名誉な解釈ではないのですが。

　もちろんアイロニーは英語国民の間でさえ通じないこともあります。ジェイン・オースティン (1775–1817) というイギリスの女流作家がいました。*Pride and Prejudice* という作品があり、これは 2005 年に映画化され、『プライドと偏見』という邦題で日本でも公開されましたから、おなじみの読者も多いでしょう。この作品の中で女主人公エリザベスは、彼女に好意をよせるダーシーという金持ちの独身男性を、最初は誤解から毛嫌いしますが、やがて誤解が解け、ダーシーを愛するようになり、彼と結婚します。自分の姉ジェインから「ダーシーさんを愛してるって自分で気がついたのはいつだったの？」と訊かれたエリザベスは、

(16)　ペンバリ(地名)にあるダーシーさんの素晴らしいお屋敷を初めて見たときだと思うわ。(I think it was when I first set eyes on his magnificent estate at Pemberley.)

と答えます。表面的には、これは財産目当ての「愛」だと言っていることになりますね。でもエリザベスがこういう結婚観に反対なことは、この小説の初めから描かれています。つまり (16) は「結婚するなら金持ちと」という考えを持つ人へのアイロニーなのです。ところが同じく作家なのに、『アイヴァンホウ』を書いたウォルター・スコットは、これがアイロニーなことに気づかず

文字どおりに解釈してしまい、エリザベスを、そして作者のオースティンを「欲得ずくの考えの持ち主」として非難したのです。

4 意味の移動

第1章でメタファーの例をあげました。たまたま例番号が一致するので、メタファー部分に下線を引くだけでそのまま再現します。

(17)　Good! The <u>wilting violet</u> has gone after all.
(18)　Oh, you're a <u>piglet</u>.
(19)　Here comes <u>His Highness</u>.
(20)　Judy is a <u>princess</u>.

メタファーというのは、その単語の文字どおりの意味から「移動させて」使っているのだ、と言えそうですね。普通メタファーとは呼ばれなくても、文字どおりの意味を「移動させて」使う場合はよくあります。

(21)　This watch cost 10,000 dollars.（この時計は10万ドルした〔正確には、たとえば「9万7,500ドル」〕）。
(22)　This injection will be painless.（この注射は全然痛くありませんよ〔注射だから少しは痛いが〕）。
(23)　This soup is boiling.（このスープは沸騰してますよ。〔100度ではないにしても、80度ぐらいあって、さまして飲まないと口が大やけどだ〕）。

メタファーとは「移動」を極度におこなった場合に生ずるもので、(17)、(18)では、人間が植物や動物にされていますし、(19)、(20)ではそのような身分でない人がその身分の名を与えられてしまっています。

　つぎのような例も「移動」と考えていいでしょう。

(24)　John has a temperature.（ジョンは熱がある。）
(25)　Mary is a working mother.（メアリは働く母だ。）
(26)　She has a brain.（彼女は頭が切れる。）

temperature（熱・体温）のない人はいないわけですが、(24)はジョンの体温が「平熱を超えている」ことを伝えているわけですね。(25)の working mother も単に「母親であり、かつ働いている人」を指すわけではありません。子どもを養う必要上、あまり収入の多くない仕事に従事している女性を指すのです。誰だって脳（brain）は持っているのですが、(26)のように have a brain と言うと、「優秀な」頭脳を持っていることを意味します。

　第1章で扱った「緩叙法（understatement）」も文字どおりの「意味の移動」の例です。第1章の(33)〜(36)を下に再現しましょう。

(27)　He's not known for generosity.
(28)　That's not healthy.
(29)　One feels it.
(30)　He seems to be a little upset.

not known for X(Xで知られてはいない) は、文字どおりには well-known for *not* X(Xでないことで有名だ)を意味しませんね。「悪くない」が必ずしも「良い」を意味しないのと同じです。そこに「意味の移動」をおこなって、(27)を He's well-known for his meanness.(彼はケチで有名だ)にしてしまっているわけです。not healthy なことと言えば、文字どおりにはせいぜい喫煙・過度の飲酒・食べ過ぎ・運動不足などを指すわけですが、(28)ではこれを敵軍の弾丸に当たって負傷したり戦死したりする可能性にまで「移動」させています。One feels it. は、文字どおりには、たとえば永年の論敵だった人の訃に接して「まあ、ずいぶんやりあった仲だったし、こん畜生なんて思ったこともあったが、死なれてみるとやはり寂しいなあ」といった程度の感想ですが、(29)では最愛の妻を喪った胸も張り裂けんばかりの悲しみの表現に使われています。(30)の文字どおりの意味は「彼はちょっとご機嫌斜めのようだね」ですが、ここでは怒り狂って暴れている人を指しているのでしたね。

　このような「意味の移動」は英語だけでなく、日本語にも現れます。それどころか、どんな言語でも、単語や語句が「意味の移動」を受けることなしに使われることは、まず、皆無だ、とさえ言えるのです。つぎの例を見ましょう。

(31) a. As I worked in the garden, a *bird* perched on my spade.(私が庭仕事をしていたら、1羽の鳥が私の鋤に止まった。)

　　b. *Birds* wheeled above the waves.(鳥たちが波の上を旋回していた。)

　　c. A *bird*, high in the sky, invisible, sang its pure song.(よく見

えないくらい空高くにいる鳥が、美しい歌を歌っている。)

d. At Christmas, the *bird* was delicious.(クリスマスでは、鳥が美味しかった。)

e. John opened the birdcage, and the *bird* flew across the room.(ジョンが鳥かごを開けると、その鳥が、部屋の中を飛びまわった。)

原文の bird(s)にも訳文の「鳥」にも「どんなタイプの鳥」かは書いてありません。けれどもどちらを読んでも(あるいは聞いても)どんなタイプか(つまり意味がどのように移動されているか)はすぐわかりますね。(31′)に示すとおりです。

(31′) a. 庭でよく見かける、比較的小さな鳥。
b. 魚を求めて水面近くをよく飛んでいる鳥。
c. ヒバリのように高くまで飛び美しい声で鳴く鳥。
d. クリスマスに食べる鳥肉(シチメンチョウの肉など)。
e. ペット用の小鳥。

日本語でも、「母子家庭」というのは、「母親とその子どもだけで暮らしている家庭」というだけの意味ではありませんね。母親は夫を失ったものの、実家の親が裕福なので(あるいは実の親から豊かな財産を相続したので)経済的にきわめて余裕のある生活をしている場合、その家庭を母子家庭とは呼ばないでしょう。また母親が 70 代の終わり、一緒に住んでいる一人息子は 50 代で独身だが収入は十分ある、という家庭も「母子家庭」ではありませ

ん。また、(26)の英文とはちょうど意味が逆になりますが、「あいつは頭がからっぽだ」などという日本語もやはり「移動」の産物ですね。文字どおり頭が空っぽな人間などいません。

そういうことなので、(17)以降にあげた英語を日本人が誤解して、(18)と言われている子どもは本当はブタなのかしらと思ったり、(31d)の the bird を「カラスかなあ？」と考えたりするはずはありません。まあ、しいて言えば、日本語では緩叙法が、第1章で述べたとおり、慣用化したもの以外はあまり使われないので、日本人が(27)や(30)を文字どおりに解釈してしまうということは、十分ありえます。

それと「移動の方向・程度」はいろいろな要素によって決まってくるので、規則性がありません。ですからこちらが誤解をすることもあれば、向こうを誤解させることもあり得ます。20年ほどまえ、ハワイに着いてすぐ、ホウギーという男に会ってポロ用の馬を貸りる「商談」を済ませたとき、前年離婚していたホウギーが、新しい奥さんを紹介してくれました。このあとボブとジーニー夫妻と食事を共にしましたが、ボブはホウギーはどうしてる、と訊きます。同じ島に住む同国人の近況をその日着いたばかりの外国人に尋ねるのも妙な話ですが、それはともかく、He's now remarried. と答えたら、夫婦は、とても信じられない、という反応を示しました。よくよく聞いてみたら、remarry は「再婚する」には違いないのですが、今のアメリカでは「一旦離婚した相手とよりを戻して再び結婚する」の意味にほぼ限って使われる、ということを教えてくれました。同じくボブに日本から近況を知らせるため「日本ではポロができないので欲求不満だ。代償的満足のため、障碍(しょうがい)を跳んだりしている」の下線部に abstinence syndrome ということばを使ったところ、つぎのような返事が来ました。「最初読んだときはびっくりしたよ。abstinance（慎み、節制）は sex についてのことに使うのが普通だからね。そのあとを読んで安心したけど」。

「移動」による意味の片寄り方には英米の違いもあるようです。前に名前を出したイギリス人音声学者は、アメリカの大学の教授になったばかりのころ、動詞と名詞で語強勢位置が違ってくる例として pervért/pérvert を選んで実験をしたのですが、その結果を紹介する際「イギリスにはいろんな種類の perverts（堕落者、背教者など）がいるんですが、アメリカの perverts は 1 種類（性的倒錯者）らしいので少し困りました」と笑っていました。

片寄りの差は個人間にもあります。私は「悩ましい」ということばに「悩ましい肢体」「悩ましい浴衣姿」などという言い方、つまり「色気を感じさせる」という言い方で初めて（おそらく子どものころ）接したので、最近のように「景気対策は与野党双方にとって悩ましい問題だ」などと、この語がおそらく本来的な意味で使われると、なんとも滑稽さを感じてしまうのです。

片寄りの結果でき上がった意味が性的なものであると、文字どおりの意味で使うことが難しくなる、ということがあります。intercourse という語は、本来「（国際間などの）相互関係、交渉」などの意味ですが、intercourse だけで sexual intercourse、つまり「性交」を表すようになったので、単なる「関係」の意味では intercourse はずいぶん昔から使いにくくなってしまいました。queer もそうで、この語も大分前から「同性愛の、同性愛者（男について言う）」の意味に使われるようになったため、ただの「変わり者」程度の意味で He's queer. とは言えなくなりました。

つい何年か前にも私が「そりゃ変だなあ」のつもりでうっかり That's queer. といってしまい、失敗った、という顔をしたら、相手の女性は Uh-uh. Watch that word. (「おっと、そのことばには気をつけないと」) と笑いました。主語が that なのですから「同性愛の」という意味は出てこないわけですが、どうやら queer という語を使うこと自体が避けられているようなのです。

5　引用符付きの意味

アイロニー (たとえば (3) や (2)、(1) の下線部)、メタファー (たとえば (17) 〜 (20))、緩叙法 (たとえば (27) 〜 (30)) などでは、話し手以外の人の考えが述べられていることを見てきましたが、つぎの例を見てください。

(32)　The Dark Ages weren't dark. (暗黒時代 (中世) は暗黒ではなかった。)
(33)　White rhinos aren't white. (シロサイは白くない。)

どちらも、そのまま読むと矛盾した文のようですね。けれども (32) は「中世 (欧州の) には思想・行動などの自由がまったくなかったように言うのはルネサンス以降を過度に讃える人の偏見で、実際の中世にはそれなりの、ある意味で現代以上の自由があった」という趣旨の文です。また (33) に出てくる white rhino の特徴は唇の幅が他のサイより広いので、アフリカーンス (南アフリカ共和国で用いられるオランダ語を基とした言語) で wyd (幅が広い；英語の wide に相当) と呼ばれましたが、これをイギリス

人が聞き違えて white と思ったのが名前の由来です。おまけにシロサイでない種類のサイにクロサイ (black rhino) という名前まで付けてしまいました。実際にはシロサイとクロサイは皮膚の色では区別できません。(33) は「シロサイというサイは皮膚が白いわけではないよ」と言っているのです。つまり (32)、(33) の下線を引いた方の dark, white は、話し手がこれらの語を使うときの意味ではなく、他の多くの人が誤って、あるいは習慣上使っている使い方での意味なのです。

前にも話の出たハワイのポロ友達スティーヴは中国系アメリカ人です。息子のゴルフ、娘のテニスのトーナメントのため毎夏米本土へ 2 人をつれて行きます。その初期のころですから 15、6 年も前のことでしょうか、本土でアジア系であるゆえに不愉快な思いをさせられたらしく、「ハワイほど良いところはないよ。ここはみんな公平だ。でも本土はそうじゃない」と言って、つぎのように付け加えました。

(34)　They don't treat you Japs and us Chinks too well.

don't treat 〜 too well (あまり親切に扱わない) はもちろん緩叙法で、「ひどく扱う、差別をする」の意味です。Chinks は日本語で戦前に使われた「チャンコロ」に相当します。つまり、中国人に対して用いる蔑称です。スティーヴが自分の仲間を蔑視するはずはありませんし、親友である私を含む日本人を馬鹿にするはずもありません。(34) の Japs も Chinks も「(差別主義の) 奴らが言うところの」という、いわば引用符付きで使われているのです。

なお、アメリカ本土の人々を弁護しますと、私も本土の方方(ほうぼう)に

行ったことがありますが、不愉快な扱いを受けたことは一度もないばかりか、どこでも大層親切にして貰いました。もちろん差別主義者や無知・悪意の持ち主はどの国にもどの地域にもいますから、私の運がよかったということかもしれません。アイルランドの友人ショーンの息子は赤髪なのですが、日本のある地方でバスに乗っていたら、後ろの乗客に何のことわりもなく髪を引っぱられたそうです。人間なのに赤い髪をした「生物」の存在が信じられない日本人がほんの30年ほど前にはまだいたことになります。

第4章
ユーモアの「等級」

1　駄じゃれよりもマシなユーモアを

アイロニーやジョークなど、いろいろな種類のユーモアがありますが、ユーモアにも評価の高い・低いがあるようです。一番低く評価されるのが地口、つまり駄じゃれで、英語圏では「ユーモアの最低形式（the lowest form of humour）」などと呼ばれるくらいです。日本でも駄じゃれを言うと「おやじギャグ」とばかにされますね。テレビの長寿お笑い番組『笑点』の大喜利では、林家喜久扇が、すぐネタの割れてしまう駄じゃれを、おまけにときどき言い間違えて、司会者や出演仲間にばかにされる、いわば与太郎的役割を担っています。

　何を隠そう私は駄じゃれが大好きです。おまけに、状況に合わせてすかさずしゃれを飛ばす、というのならいいのですが、私には、しゃれをまず考えて、それからそれを使う状況を探す、という妙な癖があります。フィルムを用いるカメラを使う人は少なくなりましたが、その記憶のある人はまだ多いでしょう。フィルムにはネガ（negative; 陰画）とポジ（psositive; 陽画）がありますね。モノクロのネガは黒白逆になっています。私が中学生のころもカラーフィルムはあったのですが、これをプリントすると非常に高くつくので、ポジ・フィルムで写してスライドにしていました。ところで――話があちこちに飛ぶようですが、関係はあるのです――「虎穴に入らずんば虎子を得ず」ということわざがありますね。危険を冒さなければ功名は立てられない、という意味です。そこで私は中学生のころ「ポケツ（ポケット）に入らずんばポジを得ず」というしゃれを考えだし、これを使える状況が現れないかな、と期待していたのです。以来60年、ついにそうした状況に

は逢いませんでした。当然と言えば当然の、おろかな話です。こうした状況を待つことだけで毎日を送っていたわけではありませんから、別にしゃれのために人生を棒に振ったわけではありませんが。

　駄じゃれを自分では言わずに、他人に押しつけるというのも「おやじギャグ」と言われるのを防ぐ一手です。現役教員だったころです。Ａ君という助手がいて地口好きでした。教授会のあとの飲み会かなにかのときです。私がみなにつぎのように言いました。

（１）　方方(ほうぼう)の観光地などで人力車がはやっているようだけど、北海道では観光駕籠(かご)っていうのがあるそうだね。いや、さっきＡ君に教わったんだよ。<u>小樽の駕籠屋だホイサッサ</u>。

他の教授・助教授連は口々にＡ君をからかうことばを発しました。「相変わらずおやじギャグだねえ」「そんな駄じゃれ言ってるから嫁さんが来ないんだよ」等々。気の毒なＡ君が「ぼく、そんなこと言いませんよ」と抗弁しているので、私が「いやあんまり下らないからＡ君のせいにしたんだよ」と真相を教えると一座はどっと湧きました。むろんこれは駄じゃれそのものが受けたからではなく、駄じゃれの出どころを他人に押しつけるという新手のジョークが笑いをさそったのでしょう。

　英語の駄じゃれに、ネイティヴスピーカーがどういう反応を示すかを最初に試した相手は、前にも話の出たロンドンの下宿の娘シーラでした。一緒にバスに乗り込んだら、中に蛾(が)(moth)が１匹います。寒い時期でした。不思議に思ったので This is <u>moth't</u>

strange. と言ってみました。most strange（非常に不思議だ）に掛けたつもりです。シーラは別に気づいた様子もなく、What is most strange? と聞き返しただけでした。ははあ、子音が違う（s と th）だけでなくて、母音まで違う（most の母音は［ou］で moth のそれは［ɔ］）としゃれにならないのかな、と思った次第です。

つぎに試したのは、やはり前に話に出てきた言語学者のジム・マコーレーです。オチだけ除いて日本語にしましょう。

（2） 手品師がガラスのビンを取り出して、このビンにとぐろを巻かせてご覧に入れます、と言った。そして手品師は1、2秒会場をまっくらにさせた。照明がもどったあと、手品師はみごとにとぐろ状になったビンを片手に、満面の笑みを浮かべて立っていた。

　　　当然、観客からはそんなのはインチキだという声があがる。しかし手品師は落ち着いて言った。"A watched bottle never coils."

A watched *kettle* never *boils*. ということばがあります。人間の心理をうまく表した、まあ格言と呼んでもいいでしょう。今のように、蛇口をひねればお湯が出るし、湯沸かしポットにいつでも熱湯が満たされているのが普通になった時代にはピンと来ないかもしれませんが、むかし急にお湯が必要になればやかん（kettle）で涌かすしかありませんでした。早く涌かないか涌かないかとやかんを眺めていると、沸騰するのが遅い気がしますし、それほど急いでいないときは、早く涌いたような気がするものですね。日本語にも「見ているやかんは湯立ちが遅い」ということばがあるよ

第4章　ユーモアの「等級」

うです。ですから(2)のオチは「見ているビンはとぐろを巻かない」ということになるでしょう。ところでこのオチを聞いたジムは不思議そうな顔で What's the joke?(どこが面白いんだい？)と訊きます。私が A watched kettle never boils. と言ったらジムは顔をくしゃくしゃにしました。笑ったのではなく、あまりに下らないとばかり顔をしかめたのです。

　前世紀も終わりのころ、またまた約1年ロンドンで暮らしました。アイルランドでのハンティングから帰ったあと、ロンドン大学の教授にアイルランドの食事がイギリスのそれに比べていかに優っているかなどの話をしていました。ロンドン大教授と言ってもニュージーランド人ですからイギリス料理の悪口を言ってもかまわなかったのです。泊まったのは O'Dea's（オウディーズ）というホテルで、そこの食事がうまかったので「たらふく食べた」という意味で

(3)　We OD'd at O'dea's.

と言ってみました。OD（オウディー）というのは overdose の略で、本来は「薬（それも睡眠薬や麻薬）を多く摂取し過ぎる」という意味ですが、このごろは食べ物や飲み物を「食べ（飲み）すぎる」の意味にも使います。教授（女性）は敬老の精神と親切さに富んだ人で、リフェクトリ（大学内の食堂）などでは西洋式礼儀とは逆に私のために椅子を運んできてくれたりするのですが、(3)を聞いたときの彼女は、あるかなしかの微笑を浮かべ「オウディーでオウディーしたのね」とつぶやいただけでした。駄じゃれながら洒落であることをわかったことを示さなければ礼儀に外れる

し、と言って駄じゃれを喜ぶのは沽券にかかわるし、といった心境だったのでしょう。

　でも、笑いのプロである漫才師がこの程度の駄じゃれを言うのを聞いたことがあります。私が留学した 1950 年代の終わりのイギリスでは民間テレビ放送局 ITV に *Saturday Night at the Palladium* というヴァラエティー番組がありました。歌あり、踊りあり手品あり。このころ登場し、その後日本でも人気者になったトッポ・ジージョにもこの番組で初にお目に掛かりました。さて、漫才ですから話題はあちこちに飛びます。話はいつしか古代ローマになっていて漫才師 A が「あっ、闘技場の真ん中に女がいる、や、ライオンが入ってきた。可哀想に女はライオンに食われちゃうのかな。ああ、食われちゃった」と言うと、漫才師 B は

（４）　I'm glad he ate her.

と応じ、観客はどっと笑います。これは解説が必要ですね。I'm glad he ate her. はこのように書くと「ライオンがその女を食ったんで僕は嬉しい」となってしまいますね。ところが he とか her などは、文中では h を発音しないのが普通ですし、eat の過去形 ate の発音はイギリスでは [et] が標準的ですが、[eit] でも十分通じます。つまり漫才師 B は(4)を

（５）　[aim glæd i eit ə]

と発音したのです。(5)のスペースを詰めてみてください。[aimglædieitə] になりますね。[glædieitə]、仮名で書けば「グラ

第4章　ユーモアの「等級」

ディエイター」そう、ローマ時代の剣闘士・gladiator ですね。それなら不定冠詞 a をつけて I'm a gladiator と言わなきゃいかん、などと野暮を言わないまでも、つまらない地口であることは確かです。

　つぎも地口に頼った笑い話です。

（6）　ある夫婦が、朝のコーヒーをどちらが淹れるかでもめていました。

　　奥さんは言います。「あなたの方が早起きだからあなたがやるべきよ。そうすれば2人ともコーヒーを今ほど待たないで済むわ」。

　　ご亭主の言い分はこうです。「うちの料理担当は君なんだから、君が淹れるべきだよ。君の仕事だもの。それにぼくはコーヒーのできあがる時間が今のとおりでかまわないよ」。

　　奥さんは答えます。「いいえ、あなたの仕事よ。それに聖書にだってコーヒーを入れるのは男の役目って書いてあるわよ」。

　　ご亭主曰く、「そんなはずないよ。本当なら見せてごらん」。

　　そこで奥さんは聖書を持ち出して新約聖書の部分を開き、何ページかをご亭主に見せました。なるほどそれらのページの上には HEBREWS と書いてありました。〔Hebrews（「ヘブライ書」：新約聖書中の1章の名前）→ Hebrews.（コーヒーを淹れるのは彼（男）である。）Hébrews という語では〔´〕で示したとおり、He- の部分にアクセン

101

トがあります。① He brews. ／② She brews. のうちあるべき姿を選べ、と言われると、①があるべき姿だと考えるネイティヴスピーカーは He にアクセントを置いて Hé brews. というのが普通です。〕

　いや、どうも危なっかしい駄じゃれですね。林家木久扇の英語版とでも言いましょうか。英語国民でかつキリスト教徒には、聖書が出てきたあたりでネタがばれそうです。
　ユーモアで私がまあ成功したのは、たびたび出てくるボブ・シュウライヴァーへの手紙でした。ハワイへ夏ごとに行きだした初期のころです。ハワイ着の日取りとフライト・ナンバーを教えてくれれば空港へ迎えに行ってやるよという手紙が来ました。航空券を確認したら、ハワイ着がたまたま7月4日、つまりアメリカの独立記念日でした。これは面白いと思って返事の中につぎの文言を入れました。

（7）　Noriko and I will arrive in Honolulu, with something of an Independent Air, on the Fourth of July.（規子（妻の名）と小生は、些かの独立心を持って（独立航空機搭乗で）7月4日にホノルルに到着致すでござる。）

7月4日は独立記念日には相違ないのですが、アメリカ人は the Independence Day というよりは the Fourth of July という方を好むようです。with an independence air というのは「独立心を持って、気ままに」という意味です。Independence Air なんて航空会社は当時も今もありませんが、何となく航空会社のような感じが

するでしょう？　ボブは無闇にこれが気に入ってしまって、会う人ごとに「こいつはこんな洒落たことを言えるほど英語が上手なんだ」と言って私を紹介し、最後は地方紙に喋って囲み記事にさせたりしました。

　考えてみると、昔むかしのロンドン留学中、ロンドン塔の武器庫に務める人に日本の甲冑に関する本の英訳を頼まれましたが、この人宛の手紙には部分的に「中英語」と言われる 12 世紀から 15 世紀の（つまりシェイクスピアより古い）英語を交ぜました。当然珍妙な英語になりますが。相手の専門は中世ですから喜んだことはいうまでもありません。ハワイで私が会員になっているポロクラブの会長（残念ながら数年前に逝去）には、How fares Your Highness?（殿下には御機嫌如何に候や？）といった調子で手紙を書きました。最初のころは、「だれかゴウスト・ライターに書かせてるんじゃないか？」などと言っていた会長も、そのうちクリスマスカードに洒落たことを書くと、カードに返事をくれて「あれは実に面白かった」と書いてくるようになりました。

　日本で書かれている英語のユーモア紹介の本の中には、駄じゃれやそれに近い「ユーモア」を英会話に使うよう勧めているものがありますが、あれはあんまり感心しません。中英語やらシェイクスピアを使えとはまさか言いませんが、(7)のようなタイプのユーモアを奨めるべきではないでしょうか。

2　子供のしゃれ

同じように駄じゃれが入っていても、子供が言ったことにされていると、「くだらない！」などと馬鹿にされる確率が減ります。

子供はやはり可愛いからでしょうか。

（８）　問い：What do fish say when rhey hit a concrete wall?（サカナがコンクリートの壁にぶつかると何て言うか？）
　　　　答え：Dam!

ダムにはコンクリートで護岸がしてありますね。サカナが泳いでいたらコンクリートにぶつかったので「ダムだ」と言った——というだけでは洒落になりませんね。damn という単語があるでしょう。これは dam と綴りは違いますが発音はまったく同じです。ぶつかったサカナは痛かったので Damn!(畜生！)と言った、ということに掛けてあるのです。

（９）　問い：What do you call Santa's helpers?（サンタの手助けをする人を何て呼ぶか？）
　　　　答え：Subordinate clauses.（「従属節」さ。）

Santa Claus の Claus と文法用語の clause（節）とは発音が同じですね。従属節とは、

（10）　You can come with me if you like.（よかったらいっしょに来てもいいよ。）

などの下線部を言うのでしたね。You can come with me のところがこの文全体の「主な」部分で、下線部は主な部分のいわば「手助け」をするのが役目なので従属節と呼ばれるのです。だから

Santa Claus に「従属」してその手伝いをする人は「ジューゾククローズ」だ、というわけです。

つぎは子どもの思い違いがはからずも洒落(？)になってしまっている例です。

(11)　先生：Name the 4 seasons.（四季の名前を言いなさい）。
　　　生徒：Salt, pepper, mustard & vinegar!（塩、胡椒、辛子、お酢！）

生徒は season（季節）と seasoning（調味料）を混同したわけですね。

(12)　先生：What is the fibula?（腓骨とはなんですか？）
　　　生徒：A small lie!（ちょっとしたウソです！）

腓骨というのは脛にある骨らしいですね。アメリカでは小学校からこんな細かいことまで教えるのでしょうか。fib というのは「軽い、罪のないウソ」のことで、そうしたウソをつく人を fibster と言います。

(13)　先生：What does "varicose" mean?（「静脈瘤の」の意味は？）
　　　生徒：Nearby.（すぐ近くの、です。）

varicose と very close（＝nearby）、なるほど発音が似ていますね。むかし、アメリカ人の幼児を私の馬に乗せてやったら、ちゃんと

礼状が来ました。可愛い手書きで Thank you vary much. と書いてありました。

(14) 先生：What happens to a boy when he reaches puberty?
（少年が思春期を迎えると何が起こるかね？）
生徒：He says good bye to his boyhood and looks forward to his adultery!（少年期に別れを告げて、不倫を楽しみに待つようになります。）

なるほど、生徒のことばどおりかもしれません。でも、可笑しみはこの生徒が大まじめで adulthood（成人）と adultery（不倫、姦通）と間違えたところにあります。

3　意地悪読者の解釈

新聞の見出しというものは、あまり長くはできません。いろいろ省略するものですから、意味が2つ以上できることは珍しくありません。けれども本文を読めば、いや読まなくても常識を働かせれば、記者の意図した意味はすぐわかるのですが、これを意地悪く読めば、もう1つの滑稽な意味が浮かび上がってくることがあります。つぎの例のカッコ内には、意地悪く読んだ意味を先に、意図された意味をあとに書きましょう。

(15) Panda Mating Fails; Veterinarian Takes Over.（パンダの人工繁殖失敗　獣医が代わりにパンダと交尾／これまでの獣医が辞め、新しい獣医が人工繁殖の係となる。）

馬とロバをかけ合わせると雑種ができます。これがラバです。虎とライオンの雑種もできます。でも人間とパンダではねえ。

(16) Police Begin Campaign to Run Down Jaywalkers.

jaywalker は信号を無視したり、横断歩道でないところで車道を突っ切ったりする歩行者のことです。そういう歩行者を減らす (run down) キャンペーンを警察が始めた、というのが意図された意味ですが、意地悪く読むと「そういう歩行者を轢き殺す (run down) キャンペーン」となります。それはいくら何でも警察の行きすぎだよ、というのが意地悪読者の感想です。

(17) Juvenile Court to Try Shooting Defendant.

juvenile court とは18歳以下の少年少女を裁く「少年裁判所」のことです。それが他人を射殺した被告を裁く (try) ことになった、というのが意図された意味ですが、意地悪読者は try shooting defendant の部分をわざと「被告を撃ち殺すよう試みることとなった」と解釈して「もっと理性的な裁判の仕方はないのかね？」とコメントしています。

(18) If Strike Isn't Settled Quickly, It May Last Awhile.

これは新聞社が責められても仕方がない例ですね。「ストライキが早期に解決されないと、その期間がしばらく続くだろう」というのですから、これ以上当たり前の話はありません。これを取り

上げた読者は、皮肉に「なるほどね。思いもよらなかった?!」と言っています。まあ本文を読めば、解決時を誤ると紛争が長引く可能性を持った複雑な事情の解説が書いてあるのかもしれませんが。

(19)　Red Tape Holds Up New Bridges.

red tape は「お役所仕事、官僚主義」のことですね。むかしイギリスで公文書を結ぶのに赤いひもを使ったことから来ています。hold up は「阻害する」です。お役所仕事で橋の建設が遅れるか沙汰止みになってしまったのでしょうね。(18)と違って新聞側に落ち度はないのですが、意地悪読者は red tape をプレゼントなどの包みに使う赤いリボンのようにわざと解し、hold up を「吊す」（むろんそういう意味もあります）と解して「工事用の布製ダクトテープより頑丈なテープができたのかい？」とコメントしています。

(20)　New Study of Obesity Looks for Larger Test Group.

「肥満の新研究　被験者数増加を構想」というところでしょうか。larger test group は新聞の意向としては「test group の人数を前より多くする」なのですが、意地悪読者にかかると「前より大きい人たちを集めた test group」と曲解され、「前の被験者は肥り方が足りなかったの?!」とからかわれています。

(21)　Local High School Dropouts Cut in Half.

「我が町の高校中退者半分に減る」が意図された意味ですが cut in half には「斬って半分にする」の意味もあります。そこで意地悪読者は「電動ノコでの大量殺人は御免だよ」などとコメントしています。

(22) Hospitals are Sued by 7 Foot Doctors.

アメリカには足(leg でなく foot)全体やくるぶしなどを専門に治療する医師がいて正式には podiatrist、一般には foot doctor と呼ばれているようです。この見出しは「諸病院 7 人の foot docors に訴えられる」ですが、7-foot なら「7 フィートの」になりますから、意地悪読者は「ずいぶん背の高い奴らだねえ」とからかっています。

(23) Typhoon Rips Through Cemetery; Hundreds Dead.

「台風共同墓地を直撃　死者数百」というのですから、これは新聞社の失敗で、からかわれても仕方がありません。見出しでなくとも、たとえば

(24) a. John likes macadamia nuts; he ate them all.
    b. Bill insulted Mary; she knocked him out.

のような文を見ると、前半を原因、後半を結果と解することが多いですね。つまり macadamia nuts が好きだから全部食べてしまった、とか、ビルがメアリを侮辱したのでメアリがビルをメアリが

ビルをノックアウトした、という風に理解するわけです。(23)のままでは、まるで、共同墓地に葬られている人が何百人ももう一度死んだ、と言っているようなものですね。意地悪読者でなくても、からかいたくなります。

4　どこの国でも議員サマは偉い？

偉い人が愚かなことを言ったりしたりすれば、それはユーモアのある逸話として残ります。政治家というものは本来人格・知識ともに優れていなければならない人たちですが、実態はその逆のようですね。昭和22 (1947) 年の昔、片山哲という人が総理大臣となりました。国会議員の中には「哲」の字が読めずに「片山オリクチ（折口）」と呼んだ人がいると言います。追加予算を「オイカ予算」と読んだり、「日本は立派に復興することと杞憂いたします」と言ってのけた議員もいたようです。杞憂というのは取り越し苦労のことですから、文字どおりには日本が復興するのは好ましくないことになってしまいますね。1950年代にヨーロッパを視察した議員団がイタリアのフォロ・ロマーノなどの遺跡を訪れました。議員の1人が感嘆して言いました。「うーん。日本にはもう空襲の焼け跡などないのに、イタリアの方が復興は遅いね。第2次大戦の爆撃で破壊された跡がまだこんなに残っているなんて」。

アメリカでも事情は同じらしく、つぎに引用するのは、上院・下院を問わず議員の中にいかに常識はずれの連中がいるかを語った首都ワシントンにある航空券エージェントが語った逸話です。どの場合も、逸話の主役（実在の議員）の名前があげられています

が、われわれには馴染みが少ないので省略します。

(25) ある上院議員(女性)から電話があって「フロリダのペプシコーラに行かなくちゃいけないのよ。あの小さなコンピューター機にのらないといけないの？」とのことでした。

　　　私は「つまりペンサコーラ(Pensacola)へコミューター機(近距離定期便用小型旅客機)でいらっしゃるのですね」と訊きました。

　　　議員サマ曰く「どっちでもいいじゃない。お利口ぶらないで」。

(26) イリノイ州選出の下院議員(女性)から先週電話がありました。彼女が予約したフライトが午前8時30分にデトロイト(ミシガン州)発でシカゴ(イリノイ州)に午前8時33分に着くのはどうしてかを知りたいというのです。

　　　私はミシガンの方が時差上イリノイより1時間早いことを説明したのですが、彼女はどうしても時差の概念が理解できないのです。ついに私は「あの飛行機は速度が非常に速いんです」と言ってやりました。そうしたらこれは納得してくれました。

(27) 上院議員の補佐官(女性)がハワイへのパッケージ旅行について訊いてきました。費用を全部説明し終わったとき、彼女の曰く「カリフォルニアまで飛行機で行ってそこからハワイへ列車で行った方が安くないかしら？」

(28) ある上院議員(女性)が中国に行くのに必要な書類について訊いてきました。パスポートについてかなり長く話し合ったあと、私はヴィサ(査証)が御必要ですよと念を押しました。すると彼女は言います。「要らないわよ。中国には何遍も行ってるけど、必要だったことは一度もないわ。」

　私ももう一度念を入れて調べ、彼女の場合やはりヴィサが要ることを確かめ、その旨伝えましたら、彼女の答えはこうでした。「いいこと？　あなた。私は中国に4度も行ってるのよ。で4度とも向こうの人は私のアメリカン・エクスプレスを受け取ったわよ」。

この議員はクレジットカードのVisaだと思い込んでいたわけですね。

(29) ニュージャージー選出の下院議員(男性)が予約を入れてきたときです。「シカゴからニューヨークのライノ(Rhino)に飛びたいんだがね」。

　何と答えていいか一瞬迷ったのですが、仕方なく言いました。「お出かけになる町の名は、本当に「ライノ(サイ)」でよろしいのですか？」

　「そうとも。どんなフライトがある？」と議員は訊きます。

　いろいろ調べたのですがつぎのように言うほかありませんでした。「申し訳ございませんが、国中の空港コードを調べましたがライノという町はどこにもございませんでした」。

「バカを言うなよ」と議員は言い返します。「誰だってライノがどこにあるか知ってるさ。地図をチェックしなさい」。

そこでニューヨーク州の地図を念入りに見て、つぎのように言ってみました。「もしかしてお客様のおっしゃるのはバッファロー(Buffalo)ではございませんでしょうか？」

議員が何と言ったとお思いですか？「何だっていいさ。ともかくでかい動物だったことは俺もわかっていたんだから」ですと！

これがみな本当の話だとすると、我が日本の議員の方がだいぶマシなように思えますが、私が知らないだけなのかもしれません。

偶然ですが、女性議員のおバカぶりをたくさん紹介してしまいました。女性差別主義者でない証拠に、つぎは女性がいかに男より頭がいいかというジョークを紹介しましょう。

(30) 11人がヘリコプターから下がっているロープにぶら下がっていました。10人が男で1人が女性でした。ロープはあまり頑丈でなかったので11人がずっとぶら下がっているとロープが切れて全員墜落の危険がありました。そこで皆は相談し、1人が手を放すことに決めました。

でもその1人を誰にするか決めかねていましたが、やがて女性が心に響く発言をしました。

彼女は言いました。「私が進んでロープから手を放しますわ。なぜなら私は主人や子どもや、ともかく男性一般のために自分を犠牲にすることになれていますもの」。

これを聞いた男どもは感激して一斉に拍手を始めました。

「拍手をすれば手がロープから放れる」という説明はありませんね。ここには、あとでまとめて話す欧米的ユーモアの特徴が出ています。

5　子供の失敗

同じ間抜けをやっても、子供の場合はやはり可愛いですね。

(31)　先生：牛乳がすっぱくならないようにするには？（「冷蔵庫に入れる」という答えを期待していたのでしょう。）
　　　生徒：牛の中に入れたままにしておきます。

(32)　先生　　　：マリア、地図のところへ行って北アメリカがどこか示しなさい。
　　　マリア　　：ここです。
　　　先生　　　：はい、よろしい。じゃ、クラスのみんな、アメリカを発見した人は？
　　　クラス一同：マリアでーす。

(33)　先生：ジョン、かけ算（multiplication）の練習問題をどうして床（ゆか）でやっているの？
　　　ジョン：だって先生が、テーブル（tables）を使っちゃいけないっていったから。

かけ算表のことを multiplication tables と言います。

(34)　先生　：グレン、crocodile の綴り字は？（Glenn, how do you spell crocodile?）
　　　グレン：K-R-O-K-O-D-I-A-L。
　　　先生　：だめ！　間違いよ。
　　　グレン：そりゃ間違ってるかもしれないけど、「君はどう綴る？」っていう質問だったでしょ？

英語の you は「あなた（がた）」という意味のほかに、「人一般」を指す使い方があります。You don't live forever. は「誰も永遠に生きるわけではない（人は誰でもいつかは死ぬ）」の意味です。私も中学生のとき、イギリス人の先生から「アメリカでは、州にもよるが、相手が 18 歳未満だと、たとえ合意の上の性交でも、強姦として処罰される」という妙な知識を授かったのですが、このときの主語が you だったので、この使い方は知っていたものの、自分が強姦をしたと言われたような、尻こそばゆい思いがしました。グレンも先生の「人一般」の you を「あなた」の you と誤解したのか、あるいは誤解したふりをして先生をからかったのかもしれません。

(35)　先生　　：ドナルド、水の化学式は？
　　　ドナルド：H I J K L M N O。
　　　先生　　：一体何を言ってるの？
　　　ドナルド：だって昨日 H to O（H から O まで；H_2O）って教えてくれたじゃない。

ドナルドも先生をからかっているのかもしれませんね。

6 夫婦、男女…

つぎの例も英語の意味の取り違いですが、今度は子供でなく、アメリカ先住民（いわゆるアメリカ・インディアン）ナヴァホ族のおじいさんです。

(36) アリゾナ州北部への出張を終えて、ジョンは帰宅の車を走らせていました。ふと見るとナヴァホ族のおじいさんが道の端を歩いているのに気がつきました。

　家まではまだだいぶ時間が掛かるし、話し相手もいないので、ジョンは車を停めてナヴァホじいさんに乗らないかと誘いました。

　じいさんは黙ったまま、ただし感謝の意をこめたうなずきを見せて、車に乗りました。

　運転を再開したジョンはナヴァホじいさんと雑談をしようと努めたのですが、うまくいきません。じいさんは一言も口を利かずに、車の中のものを熱心に眺め、細かい点にもじっと穿鑿(せんさく)の眼をそそいでいるのです。そのうちじいさんはジョンのそばにおいてある茶色の袋に気づきました。

　「フクロ（の）中、何入ッテル？」と老人は訊きます。ジョンは袋に目をやって、「ワインひと瓶だよ。女房のために買ったんだ（I got it for my wife.）」と答えました。

　ナヴァホじいさんは少しの間黙っていましたが、やがて年寄りの知恵がこもった静かな声で言いました。

「良イ取引ジャッタナ」。

ジョンはget X for Yを「YのためにXを手に入れる（買う）」の意味で使ったのですが、ナヴァホ族のおじいさんはget X for Yを「Yを相手に与えてXを手に入れる」と解してしまったわけですね。江戸っ子は女房を質に置いてでも初鰹（はつがつお）を手に入れたがったとされますが、その話を思い出します。

　女房の価値（?!）の話が出たところで、夫婦、男女の関係を取り上げたジョークを見てみましょうか。最初はマイルドなところから。

(37)　あるご亭主が奥さんに、女というものは1日にどれだけの単語をしゃべるかについての記事を読み上げてやりました。この記事によれば男は1日あたり1万5千語なのに対し、女は3万語使うのだそうです。
　　　これに対して奥さんが答えました。「それはね、私たち女は同じことを何遍も男に言ってやらなくちゃいけないからよ」。
　　　するとご亭主は奥さんの方を向いて言いました「え？何だって？」

日本でも、奥さんの言うことにあまり注意していないがために奥さんから文句を言われているご亭主は少なくないはずです。これがためにつぎの例のような夫婦喧嘩に発展しないことを望みます。

(38)　ある夫婦、田舎道を互いに一言も口を利かずに何マイルか車を走らせていた。少し前の会話が言い合いに発展し、どちらも譲歩したくなかったからである。

　　　農家の前庭を通りかかった。前庭にはラバやヤギやブタがいた。

　　　ご亭主は皮肉っぽく奥さんに「君の親戚かい？」と訊いた。

　　　「そのとおり」というのが奥さんの答えだった。「義理の、ね」。

奥さんにとっての義理の親戚ということは、とりもなおさずご亭主と血の繋がった親戚ですね。この言い合いは奥さんの勝ちです。でもこれはあくまでことばによる勝利。つぎのジョークに出てくる奥さんはもっと怖いですよ。

(39)　FBIで暗殺者の欠員が1人出たので補うことになった。身元調査や面接、テストなどのあと、最終候補者が3人残った。男性2人、女性1人だった。いよいよ最終テスト。FBI係官は男性のうち1人を金属製のドアの前につれていき、銃を渡した。「当局としては、あなたが、どんな状況にあっても、指示に従うということを確認する必要があるのです。この部屋にはあなたの夫人が椅子に腰掛けています。指示は夫人を殺すことです！！」

　　　男性は言った。「まさか、そんな！　妻を撃ち殺すなんて決してできません」。

　　　係官は言った。「ではあなたはこの仕事には向いていま

せん。夫人をつれて家へお帰りください」。

　第2の男性も同じ指示を受けた。彼は銃を受け取り、部屋に入っていった。何の音もせず、5分間が過ぎた。やがて男性は部屋から出てき、目に涙を浮かべて言った。「撃とうとはしました。しかしやはり妻を殺すことはできません」。

　係官は言った。「素質がありませんね。奥さんと家へお帰りください」。

　最後は女性の番だった。彼女も同様の指示、つまり部屋の中にいる自分のご亭主を殺せという指示をうけた。彼女は銃を受け取り、部屋へ入った。銃声が何発も響いた。叫び声や、何かを叩きつける音、壁に何かがぶつかる音が聞こえた。

　何分かするとすっかり静かになった。ドアがゆっくりと開き、女性が額から汗をぬぐいながら立っていた。「この銃には空包しか入っていなかったわ」と彼女は言った。「だから彼を椅子で叩き殺すほかなかったの」。

つぎも夫婦に関する話ですが、ひところ話題となった「一杯のかけそば」を、少なくともオチが来るまでは思い起こさせます。

(40)　老夫婦が簡易レストランに入ってきました。亭主がハンバーガー1個と、フライドポテト1人前、飲み物を1人前注文しました。この老人はハンバーガーを注意深く2つに切って、半分を細君の前に置いてやりました。それからフライドポテトの数をていねいに数えて2つ盛りにし、

片方を細君の前に置いてやりました。

　亭主は飲み物を一口飲み、細君も同じカップから一口飲み、カップを2人の間に置きました。

　亭主がハンバーガーを少しずつかじり始めたころ、まわりの客はこの様子を見て小声で話し合い始めました。この人たちの考えていたことはすぐ見当がつきました。「可哀想な老夫婦だ。2人なのに1人前の食事分のお金しかないんだな」。

　亭主がフライドポテトに手を出すころ、1人の若い男が老夫婦のテーブルに来て丁寧に、もうお1人分の食事代を私に出させてください、と申し出ました。老亭主は「いや、わしたちにはこれで十分なのじゃよ。夫婦で何でも分け合うのに慣れとるからの」と答えました。

　そのうち老夫人の方は亭主が食べているのに、一口もハンバーガーやフライドポテトに口を付けていないのに周りの人が気づきました。ときどき2人用の飲み物を飲むだけなのです。先ほどの若者がまた老夫婦のテーブルに来て、頼みますからもう1人前私に注文させてください、と言いました。今度は老夫人の方が答えました。「有り難う、でも結構です。私たち、なんでも分け合うのに慣れていますから」。

　老亭主が食べ終わってナプキンで丁寧に顔を拭い始めても、細君はまだ自分の分を食べようとしません。若者がまたやってきて「何を待ってらっしゃるんですか？」と訊きました。

　老夫人は答えました。

「歯を待ってるんです」。

入れ歯までこの老夫婦は「分け合って」いたのですね。ところで、もしかするとこの老夫婦、お金がないのではなくて、お金を使わない主義なのかもしれませんよ。というのも、これから話すような実例があるからです。私は金持ちではありませんが、金持ちになるリクツだけは知っています。まずお金を儲けて（この点で私はそもそも資格がないのですが）、そしてその金を使わないことです。Mというポロ選手がハワイにいました。ハワイ州でも五指に入ると言われるほどの大金持ちでした。あるとき、昼食のために車を駐車場に入れて食べ物屋の方に歩いている最中、Mはポケットからティシューペーパーにくるんだ何かを取り出しました。中から出てきたのは…部分入れ歯だったのです。食事以外のときは口から出しておいた方がすり減らなくていい、という理屈だったのでしょう。落語に出てくる、扇子を開いても、あおぐと長い間には扇子が傷むから、首の方を左右させて涼をとるという倹約家を思い出しました。

7 上等のユーモアとは

ではそろそろ、どういう特色を持ったユーモアが、特に欧米で、「上等」とされるのか、の話に移りましょう。2つの特色があります。1つは「前置きが長いこと」です。第1章の(7)、チャーチルの登場するジョークを思い出してください。ずいぶん前置きが長いですね。話を縮めようと思えばつぎのようにすることが可能です。

(41) 酔っぱらいとデブ女の話を知ってるかい？　デブ女が「いやねえ、おじさん。あんた酔ってるじゃない」と言ったら、「ああ、酔ってるとも」と酔っぱらいは答えた。「けどね、おばさん。明日になれば俺は酔いが醒めるぜ」。

でもこれでは上等なジョークとは見なされません。この第4章にもすでにある程度前置きの長いジョークが出てきました。（6）がそうですね。でもこれはオチが駄じゃれなのでちょっと評価が下がりますね。（36）もなかなか良いのですが、これまたオチが1種の地口なのが惜しまれます。つぎはどうでしょうか？

(42) 1人の男がカリフォルニアの海岸沿いにハーリー・デイヴィッドスン（Harley Davidson）を駆っていた。突然彼の上の空が曇り、朗々たる神の声が聞こえた。「お前は日々のすべての行いの中で私に忠義を果たそうと努めてきた。よってお前に1つの望みを叶えてつかわすぞ」。

　男はバイクを道の端に寄せて「ではどうかハワイまで橋を架けてください。そうすれば好きなときにバイクのままハワイに行けますから」と言った。

　神様はおっしゃった。「お前の願いは実利主義じゃ。そんな大企画の膨大な費用を考えてみなさい。太平洋の底まで届く支柱を作らねばならない。そのためにどれだけのコンクリートと鋼材が必要になると思うかね？　天然資源の中にはそのために枯渇してしまうものも出るかもしれぬ。私にそれができないわけではないが、お前の願いのような世俗的な希望を叶えてやる正当性が見いだせない。少し時

第４章　ユーモアの「等級」

　　間が掛かっても良いから、人類の助けになることを考えて
　　みなさい」。
　　　バイク乗りは長いこと考えた末、つぎのように言った。
　　「神様。私もほかのすべての男も、女の本当の気持ちが理
　　解できたらなあと思っています。女って心の中でどう感じ
　　ているのか知りたいのです。私を完全に無視するとき、何
　　を考えているのか、なぜ泣くのか、女の言う"何でもない
　　の"ってどういう意味なのか、女を本当に幸せにするため
　　にはどうすればいいのか教えてください」。
　　　神様はおっしゃった。「で、その橋は片側２車線にしよ
　　うか。４車線の方がいいかね？」

こんどはオチが地口的でないところが違いますね。神様は「女心は理解不能だから、橋の方の願いをきき届けてやろう」とは一言も言っていません。車線の数を訊くことでそれを間接的に伝えているのです。ここに、ユーモアが高く評価されるもう一方の条件があります。「オチが直接的でないこと」ということです。この点でも第１章の(7)にあるチャーチルの話がやはり第一級とされる原因があります。「このウィンストン・チャーチルは明日になれば酔いが醒めています」ということば自体には何の可笑しみも含まれていません。そこから論理的には長い推論を経て結論される「あなたの肥満は１日では治らない」という当てつけ・嫌みが爆笑をさそうのです。
　同じようにオチが直接的でない例として、もう１つジョークをあげましょう。

(43) 昔から付き合いのある2組の夫婦が、いろいろ話し合った末、スワッピングを実行することになった。その日の夕方、新しい組み合わせとなった各カプルはそれぞれの寝室に入っていった。

　至福の何時間かを過ごしたあと、片方のカプルの女性がふと半身を起こして新しいパートナーに言った。「ねえ、男たちもうまくいってるかしら」。

これは前置きが長くありませんね。けれどもオチの非直截性とあまりの意外さ——スワッピングというからには、正常な(?)男対女のそれだと思って聞いていたらこの2夫婦は4人揃って両刀遣いだったという——が、このジョークの価値を高めているのでしょう。

　反対に、前置きの長さが、それほど上等でもないオチを救っている例をあげます。2章4で紹介したブロンド・ジョークは、オチが予想できそうで、あまり面白くはありませんね。つぎにあげる、少し前置きの長いブロンド・ジョークはどうでしょう。

(44) 去年あたしは家の窓を全部取り替えさせたの。ほらあの、ガラスが二重になっている値段の高い奴よ。そしたら今日、その窓の取り替えをやった建築屋から電話が掛かってきて、設置してから丸1年経つのにあたしがまだお金を払っていないって文句言ってるのよ。

　お気の毒様、ってとこよね。だってあたしがブロンドだからって、あたしはバカだって決まってやしないもの。だから建築屋に言ってやったの。「だってあんたん所の早口

の営業マンが1年前にあたしにはっきり言ったのよ。"この手の窓でしたら、1年経つと自分で費用を払いますよ (pay for themselves)"って」。

「お気の毒様、1年経ったわよ」ってあたし建築屋に言ってやったの。

そしたら電話の向こうは黙っちゃって何にも言わないのよ。だからこっちから切っちゃったわ。それ以上もうかけてこないの。議論はあたしの勝ちね。あの建築屋、自分のバカさ加減に気づいたんでしょうね。

営業マンの言った pay for themselves はもちろん「元がとれます・お得です」の意味だったわけですが、ブロンド嬢は「窓自身が費用を払う」と解した、というわけです。このジョークを聞く（読む）人は最初の pay for themselves を「元がとれる」の意味に解します。そして幾分長めの前置きのおかげで、ブロンド嬢の珍奇な解釈に気づくのが少し遅れます。この遅れが、後で言うようにジョークとしての価値を(少しですが)高めているのです。

つぎも類例です。

(45) 農家のおっさんジョウの車がトラックにぶつかられたとき、彼は車の中にいた。この事故で受けたのはかなりの重傷だったのだから、おれはトラック会社（事故の責任はトラック会社にあった）を訴えよう、とジョウは決めた。

法廷で、トラック会社側の弁護士はジョウに尋問した。「あなたは、事故の現場で "私は大丈夫だ" と言ったんじゃありませんか？」

農家のおっさんジョウは答えた。「じゃあ、どういうことが起こったのか話すよ。おれは可愛がってたラバのベッシーをちょうどトレーラーに…」。弁護士がジョウをさえぎって言った。「詳細を聞いているのじゃありません。質問に答えるだけにしてください。あなたは、事故の現場で"私は大丈夫だ"と言ったんじゃありませんか？」
　農家のおっさんジョウはなおも言った。「だからさ、おれはベッシーをトレーラーに乗せて、それから運転していたら…」。
　弁護士はジョウをとめて判事に言った。「裁判長、私は、事故の現場において、原告がハイウェー・パトロールの隊員に自分は大丈夫だと言ったという事実を確立しようとしております。そもそも事故から何週間も経ってから、原告は私の依頼人を訴えております。原告は詐欺師だと私は考えます。どうか原告に質問に答えるだけにしなさいと言い聞かせてください」。
　このころになると、判事は農夫のおっさんジョウの返答に興味を覚え始めていたので、弁護士につぎのように答えた。「私は原告が、自分の可愛がっていたラバについて何を言うのかを知りたく思うのだ」。
　ジョウは判事に礼を言ってつづけた。「そいでね、さっき言ってたように、おれは可愛がってたラバのベッシーをトレーラーに乗せてハイウェーを運転してた。そしたらあのでっかいトレーラートラックが止まれのサインを無視しておれのトラックに真横からぶつかりゃがった。おれの車は一方の溝(みぞ)に吹っ飛ばされて、ベッシーを乗せたトレー

ラーは反対側の溝に吹っ飛ばされたんだ」。

「おれは方方（ほうぼう）むやみに痛くて動くのも嫌だった。でもよ、おれには可愛いベッシーの苦しそうなうなり声が聞こえたんだ。あのうなり方で、ベッシーがどれだけひどい状態だかわかったよ」。

「まもなくハイウェー・パトロールの隊員が現場に来た。彼にもベッシーの苦しむうなり声が聞こえたので、ベッシーの様子を見に行った。ベッシーの様子を見た隊員は、ピストルを取り出して眉間（みけん）を狙い、射殺したんだ」。

「それから隊員は道路を横切ってこっちへ来て、ピストルを手にしたまま、おれの様子を見て言ったんだ。"お前さんのラバはとても助かりそうもないので、可哀想だから撃ち殺したよ。で、お前さんはどんな具合だい？"って」。

「痛くってたまりません」なんて答えると、ラバと同じ「救済法」を取られてしまうかもしれないと恐れたジョウとしては"おれは大丈夫"と言わざるを得なかったわけですが、そこまではジョーク自体には書かれていませんね。非直接的な言い方でとめています。これが前置きの長さと一緒になって、このジョークの評価を高めているわけですね。

8　カントにハクを付けてもらうと…

では、前置きが長いと、そしてオチが非直接的だと、どうしてそのジョークは上等ということになるのでしょうか？　ここで話にハクを付けるために大哲学者カントのことばを引用しましょう。

『判断力批判』という著の中に「(笑いとは)緊張した期待感が突如として無に帰することにより生ずる感情」とあります。ジョークを聞いていることを自覚している聞き手には、さてどういうオチが来るのかな、という深刻ではないけれどもある種の緊張した期待感があります。だから前置きを聞きながらそこに何かの手がかりがないかと期待します。前置きが長ければ長いほど手がかりを掴む可能性は多いわけですが、にも拘わらず話し手は聞き手にそのチャンスを与えないよう、上手に話します。(42)の男が乗っているのはなにも Harley Davidson である必要はありません。道路を走るのが好きな男のようですから、50ccのミニバイクでは困りますが、四輪の超高級スポーツカーでもいいわけです。橋の建設に難を示す神様の理由も、必要な資源の膨大さでなしに、自然の生態系を壊すから、などでもいいわけです。ただこれらのいわば無駄口は絶対必要です。もしバイク乗りが初めから「女性の心が知りたい」と言ってしまったら、神様はすぐに橋の建設に同意してしまいますから「期待感が突如として無に帰す」ことが無くなってしまうからです。(36)もオチそのものは get X for Y という文型の別々の解釈に過ぎないのですが、前置きの長さで評価を「稼いで」います。アメリカ人(native Americans は除く)は一般に会話がとぎれるのを嫌います。ましてやジョンは話し相手ほしさにこのナヴァホのおじいさんを車に乗せたのです。そのおじいさんがさっぱり話に乗ってこないので、ジョークの聞き手はどうなることかな、という軽度の緊張を感じます。そこへオチが来るので効果が上がるわけです。ブロンド・ジョークはありふれていて、あまり面白くないのが普通ですが、(44)は前置きの長さが、あの場で言ったとおり、ジョークとしての価値を少し高めて

いるのです。(45)の前置きは長すぎると感じる人があるかもしれないほどです。1つには、ジョウが怪我をしているのになぜ I'm fine. と言わざるを得なかったの説明に必要だからでもありますが、ともかく聞き手はなぜジョウが「質問に答えるだけにしなさい」と裁判長に言われそうな長い説明をしようとするのか、の方に気を取られます。オチによってその軽度の緊張感が無に帰するわけです。

　非直接的なオチの方がジョークの価値を高める、という点についてはどうでしょうか？　ここでもまた、第1章(7)のチャーチルの話を代表に選ぶ必要があります。チャーチルの「私は明日になれば酔いが醒めている」ということばには何の可笑しみもありません。そこから論理的にはずいぶん離れた「あなたの肥満はちょっとやそっとの時間—もしかすると永遠に—治らない」に可笑しみを感ずるのです。

　(43)は前置きの短い割に面白いですね。これはオチがあまりにも期待からはなれているために、つまり「期待が突如として無に帰する」程度が大きいので、これが前置きの短さを補っている例だと言えましょう。

　もし、(30)のオチが「男どもはみな拍手したので、ロープから手が離れ、落ちてしまいました」だったら、面白みがぐんと減りますね。余計な説明が、つまり直接性が「突如として無に帰す」ことを妨げてしまうからです。(40)の老夫人の答えが「私どもは入れ歯の方も共通のを使っております」だった場合も同じことですね。

　前置きの長さも、オチの非直接性も、どちらも聞き手に「やられた！」という気分を起こさせる効果があります。(40)の聞き

手は、この老夫婦の「一杯のかけそば」的側面に心惹かれていたところへ、「入れ歯も共有」という思いもかけない終末へ放り出されるので、話し手の巧みさに「やられた！」と感じるのです。ジョークに限ったことではありません。「はじめに」と第１章の初めににあげた She's English. の聞き手は、その女性の料理の腕前を聞いたのに、人種というか民族に関する答えが返って来、そしてそれが論理的には非常に距離のある(非直接性の大きい)内容に結びついていることに話し手の機知を感じて「やられた！」と思うわけです。第２章(23)のジーニーはミニアチュアの薦被(こもかぶ)りに書いてある日本字の意味(商品名だろうくらいの見当は付けていたのでしょう)を訊いたのに THIS SIDE UP などというイジワルな答えが返ってきたので「やられた！」と思い、同じ章(12)のフライトアテンダントは、上着を預かりに来たのに、私の意図とは違ったのですが、いいお爺さんにうんと幼い子供を装ったジョークで断わられたので、「やられた！」と感じ、２人とも呵々大笑したわけです。

　英会話にユーモアを交えることは非常に大事なことです。ただ、そのユーモアは意外性(オチの非直接性)と前置きの長さ、あるいはその両方を備えたものであってほしいですね。

第5章
イントネーション

1　話し手による自分の意図の表現

人はほとんどの場合、自分の言いたいことが相手に伝わりやすくなるように無意識にせよ努めます。もちろんこの点で日本語も英語も変わりがありません。

（1）a.　午後2時<u>なのに</u>、バーが開いている。
　　　b.　It's 2 p.m. now, <u>but</u> the bars are open.
（2）a.　ひどい渋滞だなあ。連休の始まり<u>だからだ</u>。
　　　b.　What a jam!. <u>After all</u>, it's the first day of the consecutive holidays.

（1）の下線部は、「私がこの発話の後半で言うことは、前半で言ったことからの予測（ホテルなどのバーは通常午後5時とか5時半まで閉まっている）に反していますよ」ということのいわば「合図」なわけですね。（2）の下線部は、「第2文は、第1文で述べたことの理由・原因を述べているのです」という合図です。これらの語を使わなくても、意味は通じますが、使った方がわかりやすいですね。

（1'）a.　午後2時だ。バーが開いている。
　　　b.　It's 2 p.m. The bars are open.
（2'）a.　ひどい渋滞だなあ。連休の始まりだ。
　　　b.　What a jam! It's the first day of the consecutive holidays.

もう1つ例をあげましょう。

（3）a. 検察官　：あんたは奥さんを殺したんだな
　　　犯人　　：a1.　ええ。そうです。
　　　　　　　　a2.　ええ<u>まあ</u>、そうです。
　　b. Inspector：You killed your wife, didn't you?
　　　Criminal：b1.　Yes.
　　　　　　　　b2.　<u>Well</u>, yes.

a1は単純に犯行を認めているのに対し、a2は「殺したには違いないんですが、そこには事情がありまして…」という感じです。b1とb2の間の関係も同じです。「まあ」にもwellにも、「私の答えを条件付きで解釈してください」という「合図」を相手に送る働きがあると言えます。「条件付き」の「条件」とは、「脅すつもりで包丁を突きつけたらあいつが飛びかかってきて…」とか、「弾丸は入っていないことを確かめたはずだったんですが…」といったようなことでしょう。

　「なのに」、but、「だから」、after all、「まあ」、wellなどは、解釈の仕方について話し手が聞き手に送る合図・ヒントとして働く語なわけですね。こうした合図・ヒントとして働くのは語だけではありません。その中でも、特に英語の場合大事なのがイントネーションなのです。

2　英語の中でのイントネーションの重要性（危険性！）

日本語にも英語にもイントネーションはあります。けれども大きな違いは、英語ではイントネーションに伝達の上で日本語に比べてはるかに大きな役割を与えているという点です。

(4)のa、bを比べてください。

(4) a.　You have →lovely ↘eyes.
　　b.　You have ↘lovely ↘↗eyes.

"→"はピッチ(音程)が上下しない「平板調」を、"↘"は出発点の低い「低下降調」を、"↘"は出発点の高い「高下降調」を、"↘↗"はピッチが一旦下がってまた上がる「下降上昇調」を表すとしましょう。これではまだわかりにくいかもしれません。(4)を図式的に描いてみましょう。(4′)ではピッチが高いところは紙面上高く印刷してあり、ピッチの低いところは低く印刷してあります。

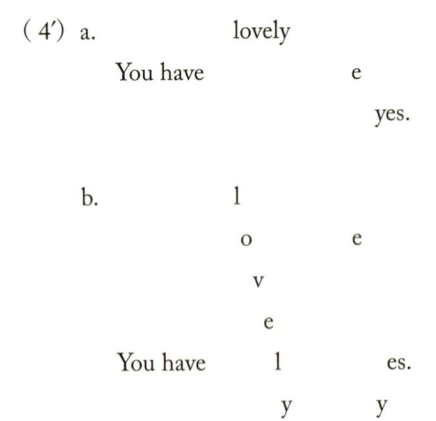

(4′) a.
　　　　　　　　lovely
　　　You have　　　　　e
　　　　　　　　　　　　　yes.

　　b.
　　　　　　l
　　　　　　　o　　　　　e
　　　　　　　　v
　　　　　　　　e
　　　You have　l　　　　　es.
　　　　　　　　y　　　y

特に女性読者に言いますが、(4a)と言われたら、礼を言ってもいいでしょうが、(4b)と言われたら話し手のほっぺたぐらいひっ

ぱたいてもかまわないでしょう。なぜかと言えば、(4a、b)を日本語に訳してみると(5)のようになるからです。

（5）a. 君は綺麗な眼をしているね。
　　 b. 君は眼こそ綺麗なんだがねえ。

注意してほしいのは、(4)のaとbは文としては全く同じなのに、(5)のaとbは違う文だ、という点です。つまり英語のイントネーションは文そのものには手を加えずに、発話にまつわる合図・ヒント(この場合は「私は(4b)で聞き手の眼以外の造作はけなしている」)を送る機能があるのです。日本語のイントネーションにまったくこの機能がないとは言いませんが、たとえば(5a)の文を1箇所も変えずに(つまり、「こそ」とか「なんだがねえ」などということばを足さないで)、イントネーションだけ使って(5b)の意味を表現しろと言われたら、日本一の名優でも「それは無理だ」と言うのではないでしょうか。

　もう1つ例をあげましょう。あなたが読みたい本をジョンという人が持っていると聞いて貸してもらおうと思っているとします。それをジョンの友達のビルに言ったらビルがつぎのように答えたとしましょう。

（6）John doesn't lend his books to anybody.

イントネーションに気を配らずに、not + any = no という単純な計算から、ビルが

（7） John lends his books to nobody.（ジョンは誰にも本を貸さない。）

と言ったのだと解釈して諦めてしまったなら、それは早呑み込みというものです。(6)の意味は、イントネーションが(8)のaかbかによって違ってくるからです。

（8） a. John →doesn't →lend his books to ↘anybody.
　　　b. John ↘doesn't ↘lend his books to ↘↗anybody.

もしビルのイントネーションが(8a)だったら、その意味は(7)である可能性が高いのですが、(8b)だったらその意味は

（9） ジョンは誰にでも本を貸すわけではない。

である可能性が高いのです。それならあなたには貸してくれるかもしれませんね。諦めるのは早いのです。

3　ネイティヴはイントネーションに無意識

私たちがネイティヴスピーカーの英語を聞いて正しく理解するためには、イントネーションについての知識が必要なことはわかっていただけたと思いますが、英語のイントネーションを習熟することにはもう1つの重要性があるのです。

　英語のネイティヴスピーカーは、自分たちが単語の意味を区別するためにlとr、sとthなどの差を使い分けていることを自覚

第 5 章　イントネーション

しています。そして非英語国民の中にはこうした発音の区別が苦手な人もいることも承知しているのです。ですからたとえばあなたが election（選挙）と言うつもりで erection（勃起）と言ってしまったり、thin（痩せた）のつもりで sin（罪）と言ってしまったりしても、笑いをこらえるのに苦労はしても、あなたの言おうとしていることを誤解することはまずありません。ところが、イントネーションになると事情は違ってくるのです。彼らにはイントネーションを変えることによってたとえば (4) の a と b のような意味の違いを表しているという意識がありません。そこで、あなたのイントネーションが与える「意味」を、自分たちがそのイントネーションを使う場合と同じように解釈してしまうのです。ですから、イギリス女性を口説くつもりでいても (4b)、つまり You have ↘ lovely ↘↗ eyes. と言ってしまったら、この恋は実らないばかりか、頬の 1 つも叩かれる羽目に陥るかもしれませんし、「ジョンは誰にでも本を貸すわけではない」ということを伝えるつもりでも、(8a) のイントネーションを使ってしまうと相手は「おやおや、誰にも貸さないのか」と思ってジョンから本を借りることを諦めてしまうかもしれません。その意味では、イントネーションに習熟することと、l/r、s/th の発音の差を習得することのどちらか一方を選ばなくてはならないとすれば、それは前者だと言えます。この章では、話された英語を正しく理解し、こちらも誤解を呼ばない話し方ができるようになるために必要な、英語イントネーションの特殊性（日本語から見た）を扱うことにします。

4　上昇と下降

英語イントネーションの特殊性を理解するためには、イントネーションの表し方を、面倒かもしれませんが、簡単にわかってもらわなくてはいけません。

(4)と(8)を下に再現します。

(4) a.　You have →lovely ↘eyes.
　　 b.　You have ↘lovely ↘↗eyes.
(8) a.　John →doesn't →lend his books to ↘anybody.
　　 b.　John ↘doesn't ↘lend his books to ↘↗anybody.

矢印の付いていない語がありますね。このうち、それらの前の語に矢印が付いていないもの、たとえば(4)の You have や(8)の John は比較的低いピッチの平板調で、かつ弱く言われます。(8a)では、his books to に矢印がありません。しかしすぐ左の lend には平板調を表す矢印→がありますね。この場合は、his books to は lend と同じ高さの平板調を保ちます。また(8b)でも his books to には矢印がありません。ただし、この場合はすぐ左の矢印が下降調なので、下降が lend his books to で分け持たれることになるのです。つまりこの部分を図式的に書いてみると(10)のようになるのです。

(10)　　l
　　　　　e
　　　　　　n
　　　　　　　d
　　　　　　　　his books
　　　　　　　　　　　　to

矢印の記号にはこのほか

(11) a. ↗ （低上昇調）
　　 b. ↗ （高上昇調）
　　 c. ↗↘（上昇下降調）

があります。これらが表す意味は、つぎの節で他の矢印が表す意味と一緒に説明しましょう。

5　上昇と下降の意味

イントネーションを決める単位は、上で矢印付きで示した調子です。これには(12)で示すように8種類あります。

(12) a. ↗（低上昇調）
　　 b. ↗（高上昇調）
　　 c. ↘（低下降調）
　　 d. ↘（高下降調）
　　 e. ↘↗（下降上昇調）

  f. ↗↘（上昇下降調）
  g. → （低平板調）
  h. → （高平板調）

ずいぶんたくさんあるな、と思うでしょうが、実はこれ、煎じ詰めると、「上昇」と「下降」の2種類だけに還元できるのです。上にも書いたとおり、低上昇調と高上昇調は出発点が低いか高いの差はありますが、どちらも上昇調です。同じように、低下降調と高下降調は出発点が違うだけで、下降調であることには変わりがありません。下降上昇調と上昇下降調は、上昇調と下降調を逆の順番で結びつけたものです。そして低平板調は低上昇調の弱められた形、高平板調は高下降調の弱められた形と思ってください。これらの調子の細かい差については拙著『ファンダメンタル音声学』（ひつじ書房 2007）の付属 CD で聴いて戴くことにし、つぎは各調子の意味を考えていきましょう。

 では (12) の各調子の「意味」について述べましょう。その根底になっているのは上昇調と下降調の間にある基本的相違です。上昇調の意味は何ごとかに関する「判断保留」を示すことです。それに対して下降調はそうした判断保留を示しません。誤解を恐れずに言えば、下降調には「特に意味はない」のです。

(13) Have you got any money on you?（お金の持ち合わせはあるかい？）

という発話に対する Yes. という反応を例にとりましょう。

(14) a. ↗Yes.（低上昇調）
b. ↗Yes.（高上昇調）

どちらも上昇調ですね。そのためどちらも「どうして(13)のようなことを訊くのだろう。貸せというつもりかな。どのくらいの金額を考えているのだろう」といった、相手の気持ちに対する疑問、つまり「判断保留」が現れています。ではaとbの違いはどこにあるのでしょう？　「判断保留」の保留の強さなのです。(14a)が「貸せというつもりかな。この間も返さなかったぞ。用心しよう」というような強い疑念を表すのに対し、(14b)は「おや、なぜそんなことを訊くのかな？」という軽い疑問、軽い判断保留を表すだけです。

(15) I saw John in Chattanooga yesterday.（昨日、チャタヌーガでジョンを見かけたよ。）

という発話に対する反応(16a)(16b)の差を見ましょう。

(16) a. You saw him ↗where?
b. You saw him ↗where?

(16a)は、「何だってチャタヌーガに？　おかしいな。あいつは昨日ニューヨークに出張だと言って出かけたはずなのに」という、(15)の話し手、あるいはジョンの正直さに対する強い判断保留を表したものです。一方、(16b)はチャタヌーガ（テネシー州の都市）という地名に馴染みが薄かったので単に聞き返しているに

すぎません。つまり(15)の話し手がジョンを見かけた場所がどこであるかの判断を単純に保留しているだけです。

では(13)に対する Yes. を下降調で発した場合はどうでしょうか。(17)を見てください。

(17) a. ↘Yes.
　　 b. ↗Yes.

どちらもことばどおりの肯定で、何の「判断保留」もありません。(17a)が「答える必要も無いくらい当たり前のことだ」と言わんばかりの、どちらかと言えば無愛想な答なのに対し、(17b)はむやみに熱心な答ですね。下降調の出だしの高低による差です。(17b)は、少し前までは「まだ小さいから」と理由でお金を持ち歩くことを禁じられていて、最近その禁止が解けた子供の発話かもしれません。つぎの例の方がわかりやすいかもしれません。(18)に対する答(19)です。

(18)　I've passed the exam!

(19) a. ↘Have you?
　　 b. ↗Have you?

(19a)は、「あ、そう」とでも訳したい、興味の無さそうな、おざなりのあいづちです。「あんな易しい試験に受からない奴なんていないよ」という心の表れでしょう。それに対して(19b)からは「それはすごい！　おめでとう」という、一緒になって喜んでい

る気持ちが感じられます。もっとも、あまり喜ばれても、「君のアタマで合格とは奇跡だ」とでも言われているような気になることもありますが。

6　下降上昇調の意味

つぎに(12)のeとfの意味を考えてみましょう。eは下降調と上昇調、fは上昇調と下降調がこの順で組み合わされたものですね。上昇調が「判断保留」を意味し、下降調が「特になにも意味しない」ということになると、どんな順であれ、この2つが結びついた調子の意味は「判断保留を意味し、しかし何も意味しない」という、矛盾したものになってしまわないでしょうか？　なりません。なぜかというと、意味が対応する箇所が違うからです。eの下降上昇調からまず説明しましょう。(4b)のeyesに置かれているのがその例ですね。

（4）b.　You have ↘lovely ↘↗eyes.

↘↗の↘の部分は、聞き手の眼が綺麗であることには話し手も何の判断保留もしていないので使われています。それに対して↗の部分は「眼が綺麗であれば顔立ち全体が魅力的である」という命題に対する強い判断保留（否定に近い）をおこなっています。上昇調・下降調の意味が対応する対象が異なるので、全体として矛盾することなく、「眼以外の造作は良くない」という言外の意味を表すことになるのです。(8b)のanybodyに使われている↘↗についても同じことが言えます。

（8）b.　John ↘ doesn't ↘ lend his books to ↘↗anybody.

↘↗の↘は、話し手が「ジョンは誰にでも本を貸す」の否定に何の判断保留もしていないことを表すために使われています。一方、↗は not + anybody = nobody という等式に対する判断保留を示しています。そのため、「誰にでも貸すわけではない（人を選んで貸す）」という意味が出てくるわけです。この下降上昇調が

(13)　Have you got any money on you?

への返事である Yes. 使われた場合を考えてみましょうか。

(20)　↘↗Yes.

ですね。この話し手はお金の持ち合わせがあることを肯定しています（＝判断保留をしていません）。それを表すのに↘を使っています。それと同時にこの話し手は、(13)の話し手が持っていると見られる考え、つまり「持ち合わせがあればお金を貸してくれるだろう」という思いこみに強い判断保留を示し、それを示すのに↗を使っているわけです。(20)を意訳すれば「そりゃ、持ち合わせはあるけどね」とでもなるでしょう。(20)には、

(21)　But I won't lend YOU a penny.

つまり「でも、君には1セントだって貸さないよ。（返してくれた試しがないんだから）」ということばが（実際に口には出さない

までも）続いて出てくるように感じさせるものがあるのです。

7 　上昇下降調の意味

では上昇下降調の意味を見ましょう。このイントネーションにはまだ例があがっていませんでしたね。(22)を見てください。a、b とも Will you lend me a hand, please?（ちょっと手を貸してくれる？）に対する反応だとしましょう。

(22) a. You are a ↗↘nuisance.
b. I'd be de ↗↘lighted to.

(22a)の↗部分は、「君ぐらいの歳になれば、人頼みの癖は解消するものである」という一般論に対して判断保留が行われていることを示します。「一体君は幾つになったらその人頼み癖が無くなるんだい？」というわけです。↘は「聞き手が手の掛かる奴(nuisance)であること」に話し手は何の判断保留もおこなっていないため使われているわけです。(22b)の↗は、「話し手に何かをしてもらうためには、聞き手が話し手に"頼む"必要がある」という聞き手の考えに対する判断保留を示すために使われています。平たく言えば、「何をおっしゃいます。あなたのような方は"ああせい、こうせい"とおっしゃればよろしいので、あなたのご命令ならたとえ火の中水の中でも…」という大層へり下った言い方になるのです。↘は「私は喜んでお手伝いをします」という気持ちには何の判断保留がないことを示すために使われています。

この上昇下降調が (13) への返事 Yes! に使われた場合を考えてみましょう。

(23)　↗↘Yes!

となりますね。↗は「僕が現金主義者、クレジットカード嫌いなことは、君も知ってるはずなのになぜそんな質問をするのか」という、相手が (13) のような質問をしたことに対する判断保留を表します。↘は自分が金を持ち合わせていることには何の判断保留もしていないことを表すために使われているのです。

　これまでの例では、下降上昇調・上昇下降調がいずれも 1 つの単語に置かれていました。これに対してつぎの例では上昇調と下降調が、2 つの別々な語に置かれています。

(24)　My ↘father was born in ↗Edinburgh.
(25)　I've been ↗waiting for ↘ages.

(24) については、つぎのような状況を想定してみましょう。話し手は、雑談の最中「あなたの御母様はエディンバラのお生まれでしたよね？」と訊かれたとします。そこで「いえ、エディンバラ生まれは父の方でして」と訂正をしているわけです。「父がエディンバラ生まれ」ということについては何の判断保留もありませんから、father には ↘ が使われています。しかしこれだけですと、相手の思い違いをピシャリと指摘している感じで、話題がそこで途切れかねません。Edinburgh についている ↗ がそれを救います。なぜならこの ↗ は、「話し手が (24) を発することが適切か

どうかについて修辞的に判断保留をしている」からです。つまりこの ↗ は、「おっしゃったことに反したことを言って失礼ですが」という一種の言い訳として働き、発話をやわらげるわけです。さらに、質問をした相手が愛国的スコットランド人であって、それまでの話題がいわばスコットランド賛美だったとすれば、↗ は「父がエディンバラ生まれでも、母がイングランド人ならその娘はスコットランド人とは認められない」という見方に判断保留（実際には否定）をおこなって、「父がエディンバラ生まれですから、私もスコットランド人と認めていただいて、スコットランド賛美に加わらせていただけませんか？」という言外の意味を生み出し、話題の継続を促す働きをするわけです。

　(25)は、約束の時間に30分も遅れてきて、「待った？」などと訊く神経の粗い相手に向けられた発話だと考えましょう。waiting に使われている ↗ は、「ひとを30分も待たせておいて、謝りもせず "待った？" などと訊くことの当否」に判断保留をおこなっています。↘ は自分が長いこと待ったことに判断の保留がないことを示すために使われているのです。(25)を意訳すれば、「これだけ遅れて来て "待った？" なんて訊く奴があるかい。待ったも何も、百年も待ったよ」といったところになるでしょう。

8 「独立」平板調の意味

平板調はこれまでも上昇調や下降調を含んだ例の中に出てきましたが、特に説明をしませんでした。ここでは1つの発話の中に、平板調だけが使われている「独立平板調」で発せられる発話の意味を考えてみましょう。半世紀前のイギリス留学中のことです。

147

大学の夏休みの長さ(6月初旬からほぼ9月一杯)にびっくりして、日にちを無駄にしてはもったいないと、外国人用夏季英語英文学講習会とでもいうべきものに出席しました。この活動の中には、受講者を少人数のグループに分け、各自が順番に何でもいいから英語で話し続ける：沈黙が3秒続いたものは失格：一番長く話し続けたものが優勝、というゲームがありました。私の番が来たので「どの国でも防衛は大事だ。防衛には軍用機が必要だ。日本でも最近、いろいろな機能が高いので a perfect beauty と呼ばれる戦闘機をアメリカから輸入した。そもそも a perfect beauty とはエリザベス・テイラー(当時人気抜群のハリウッド女優)のことを指し、その理由は彼女はどの角度から撮っても美しいからなのだそうである」と言ったらみんな笑い出し、こっちも笑ってしまったのでたちまち失格となりました。おっと、話がそれました。私が独立平板調に気がついたのは同じ講習会の別な活動でのことでした。やはり少人数のグループに分かれ、もう少し真面目なテーマを決め、それについて英語で議論を戦わす、という趣旨です。グループの中にはフランス人が数人いました。議論が白熱してきたら、フランス人たちはフランス語で議論を始めてしまったのです。指導者(受講者とそう年齢も変わりがない若い女性でした)は苦笑いをしながらつぎのように言いました。(以下、独立平板調を「⇒」で表すことにします。)

(26)　⇒English.

独立平板調の意味は「この発話は、わかりきった、当然のことを言っているので、あまり深刻に、あるいは大まじめに受取らない

でほしい」ということになるでしょう。(26)を意訳すれば「あらあら、困ったわね。英語のはずでしょう？」となります。決して叱責や強い抗議の表れではないのです。

　前に話に出てきたボブとジーニー夫婦は、住まいが田園地帯なので趣味でいろいろな動物を飼っていました。あるとき、何か原因かわかりませんが、ニワトリがむやみに沢山卵を産み始めのだそうです。ボブが私たち夫婦の泊まっていたホテルにゆで卵を山のように持ってきて「何とか少し手伝ってくれ。このところ毎日卵ばかり食うはめになっているんだ」と言うのです。このときも独立平板調が多用されました。

(27)　So we're eating ⇒fried eggs, ⇒poached eggs, ⇒boiled eggs, ⇒scrambled eggs, ⇒omelettes…

卵ばかり食べているという前提があるのですから、食べ方は容易に予想が付きます。つまりボブは「わかりきった、当然のこと」を言っているので独立平板調を使っているわけですね。もしボブが、卵を食べるという習慣のない異星人に出逢って「卵をたべるって、どう料理するんですか？」と訊かれたら、

(28)　Well, you eat them ↗fried, ↗boiled, ↗poached, ↗scrambled, or you make ↘omellettes out of them.

と、最初の4つの項目には上昇調↗を用い、最後に下降調↘を使って締めくくるでしょう。4つの↗は「選択肢はこれですべてである」ということに対して判断保留を行い、実質上、「選択肢

はまだありますよ」ということを示し、omellettes に用いられている下降調﹅は、判断保留がもうないこと、つまり「選択肢はこれですべてである」が肯定されていることを示すわけです。

　もう 20 年以上前の話です。アメリカの保険会社の極東支配人になったのはいいけれど、日本ではポロができないのが情けない、というアメリカ人が、どういう伝手でしたか私に連絡を取ってきて、真似事でもいいから一緒にポロをやらないかと言います。幸い三浦海岸の農家で大根、スイカを作っている人が、大根畑を提供してくれて、サッカー場の半分ぐらいの「ポロ・フィールド」——本物の 15 分の 1 位の大きさです——を提供してくれました。折良く黒澤明が『乱』という時代劇映画で使った馬が残っていました。馬というのは非常に臆病な動物ですから、いきなり乗り手がマレット（ポロの球を打つスティック）を振り回したり、ボールが飛んできたりするとどんなに暴れるかわかりません。幸い『乱』で使われた馬は、旗指物を挿した乗り手の侍が上で刀や槍を振り回したり、中には燃えている建物の中を駆け抜けたり、という経験をした馬がいましたからこれを 4 頭買い、私も馬術部の後輩に声を掛けて集め、「ダイコン・ポロ」なるものを始めました。本物のポロ・ボールだと飛びすぎますから、幼児がおもちゃにする直径 25 センチぐらいのゴムボールを使いました。これだとかなり強く打ってもボコーンと音を立てて、せいぜい 2、30 メートル飛ぶだけです。人数が足りないので、選手・審判は交代制にしました。それまで審判をしていたアメリカ人がホイッスルを私に手渡して今度は君に審判を頼む、と言います。ホイッスルを受け取った私は、「君、まさか herpes はあるまいね」と聞きました。herpes（ヘルペス）にもいろいろありますが、

私が指していたのは、性交や唾液交換(?)を通じて感染する広義の性病でした。エイズのように深刻な病気ではないので、アメリカではよく冗談のタネにされました。アメリカの友人は、私のジョークにつぎのように応じました。

(29)　Oh I've got ⇒herpes, ⇒AIDS, ⇒bird flu, ⇒syphilis…

「本当じゃないよ」という気持が独立平板調を使わせたわけです。読者諸賢も、イントネーションに注意を払わず、(29)のような発話を聞いて本気にし、その話し手を避けるようなことのないように注意してください。

　音程の異なる2つの平板調が1つの発話に使われることもあります。これも「お決まりの、ほぼ期待どおりの出来事」を表すイントネーションです。(30)は、半世紀前、留学先のロンドンの下宿で毎夕7時ごろになると、2階の部屋を借りていた私に、小母さんが下からかけてくれた懐かしいことばです。([:]は音が長いことを示す印。)

(30)　　⇒Ku:　　　　　　di:n⇒

　　　　　⇒ni:,　　　　　　⇒ne:r.

夕食はまさしく日常茶飯事(お決まり、期待どおりの出来事)ですね。

9　文や単語を超えた意味の担い手

英語ということばは、「言語形式」つまり使う単語や文の形をまったく変えずに、イントネーションだけを変えて、意味の微妙な違いを、そして時にはまったく違った意味を表す、日本語から見れば奇妙な言語です。このことを知らずにネイティヴスピーカーの言うことを誤解してしまうのはもちろん困りますが、この章の初めの方で言ったとおり、ネイティヴスピーカーたちは自分たちがイントネーションを使って意味の区別をしているということに気づいておらず、外国人が使ったイントネーションがかりにその外国人の意図と違っていても、自分たちがそれを使ったときと全く同じ意味に受け取ってしまう、というもっと困った問題があります。あなたの英語による伝達を一層正確、自然なものにするためには、ぜひイントネーションの勉強に精を出してください。拙著『ファンダメンタル音声学』(ひつじ書房、2007) 第 5 章はよい教材になると思います。

おわりに

つぎの2つの引用は、どちらもこの本の「はじめに」に出てきます。

（1） 英語国民が英語で発話をする場合の方が、実際に口に出した意味よりもたくさんの意味を相手に伝えようとするするわけです。そのために、英語の発話では話し手の心を相手に読ませる部分を(日本語に比べて)多くする意図が大きいのです。(ⅱページ)

（2） (英語のネイティヴスピーカーは)：
  a. 実際に口に出す以上の意味を聞き手に伝えようとする。
  b. そのため、話し手は、聞き手が「心の理論」を用いて、話し手の意味するところを「推論」することを期待する。
  c. 発話(の特に口に出さない部分)が、聞き手の反応を引き出すような工夫をする。(ⅴページ)

つまり、日本語に比べた場合の英語の「非顕示性」がこの本のテーマである、というわけですね。
　ところが第5章「イントネーション」に入ると、つぎのよう

153

なことばが出てきます。

（3） 「なのに」、but、「だから」、after all、「まあ」、well などは、解釈の仕方について話し手が聞き手に送る合図・ヒントとして働く語なわけですね。こうした合図・ヒントとして働くのは語だけではありません。その中でも、特に英語の場合大事なのがイントネーションなのです。（133ページ）

（4） 英語のイントネーションは文そのものには手を加えずに、発話にまつわる合図・ヒント（この場合は「私は(4b)で聞き手の眼以外の造作はけなしている」）を送る機能があるのです。（135ページ）

　これはちょっと眺めただけだと、「非顕示性」と「イントネーションへの依存度」という、英語の特徴のうち、無関係な2種類を並べたにすぎない、と感じられるかもしれません。
　ところがそうではないのです。
　第5章の(4b)に

（5） You have ↘lovely ↘↗eyes.

という例がありましたね。すぐ上にあげた引用のとおり、第5章では、これは話し手が聞き手の眼以外の造作をけなしているケースだけを取り上げました。そのおおもとは、(5)が持つ「聞き手の目が綺麗である」という判断と「眼が綺麗である」事実がもたらす事態への「判断保留」でしたね。(5)は眼が多少可愛いから

といって「ミス○○」に応募することを望んでいる女性への忠告ととれます。

　けれども「判断保留」とは途方もなく幅広い心の働きです。ここにある女性がいて、歌には自信があるが、自分はブスだからとても歌手にはなれないと嘆いているとしましょう。この人を励ますために、「いや君は眼が綺麗だから大丈夫だよ。鼻とか口なんてメーキャップで、さもなければ形成手術で簡単になおせるよ。大丈夫。歌手を目指しなさい」と話し手は言っている可能性もあります。つまり、イントネーションも、語法や文法と同じように、いやそれ以上に曖昧であり、その「意味」を決定するのは聞き手の「心の理論」なのです。

　第5章には（8b）という例もありましたね。（6）として再現します。

（6）　John ↘ doesn't ↘ lend his books to ↘↗ anybody.

これについては、not + anybody = nobody についての判断保留の場合だけを取り上げました。「誰にでも貸すわけではない；人を選んで貸す」の意味になります。ところが判断保留の対象は、「ジョンが他人に本を貸さないという事実を聞き手が知っているか」を巡るものであることもあり得ます。「君が前から探していた本、ジョンが持っていると知って大層喜んでいるそうだが、ジョンは誰にも本を貸さない主義なんだよ。知らなかったのかい？」という次第です。

　第5章には（22）という番号のつぎの例もありました。（7）として再現します。

（7） a. You are a ↗↘nuisance.
　　 b. I'd be de↗↘lighted to.

(7a)の上昇部分は、「君ぐらいの歳になれば、人頼みの癖は解消するものである」という一般論に対して判断保留がおこなわれていることを示すのでした。(7b)の上昇部分は、「話し手に何かをしてもらうためには、聞き手が話し手に"頼む"必要がある」という聞き手の考えに対する判断保留を示すために使われていることを説明しました。どちらも判断保留をおこなっているわけですが、その対象は異なり、しかも対象はどちらとも発話の外に存在します。「何が判断保留の対象となっているか」を読みとるのは、ふたたび、聞き手の「心の理論」の働きなのです。

　第3章の(1)をつぎに(8)として再現します。

（8）　Bill ：Peter is well-read.
　　　 Mike：<u>Peter is well-read, indeed</u>. He's even heard of Shakespeare.

ビルとマイクの Peter is well-read. の部分にふさわしいイントネーションを(9)として記しましょう。実はどちらも同じなのです。

（9）　→Peter is →well- ↘read…

第3章で言ったとおり、ビルの発話は自分の考えですが、マイクのそれは違います。マイクはむしろ「ピーターが well-read などとはとんでもない思い違いだ」と考え、ビルにアイロニーを

言っているのです。それならマイクはどうして自分の発話がアイロニーであることを示すイントネーションを使わないのでしょうか？

　そういうものが存在しないからです。そうです。アイロニーを表すイントネーションというのは、実は矛盾した存在なのです。アイロニーの最も初歩的なものとしては、幼児のぐずりを、その誤発音や誤用語まで再現しておこなう「からかい」があります。例：「あだい、あだい、オスクリきやいだ（嫌だい、嫌だい。お薬嫌いだ）」。このようにアイロニーには本質的に「模倣」という要素が欠かせません。ですからマイクの Peter is well-read. はビルのそれにできるだけ似ていなくてはならないのです。マイクがつぎのようなイントネーションを使ったとしましょう。

(10)　↗ Peter is well- ↗ read.

これでは「えー？　ピーターが？　博識だって？　そんな馬鹿な！」とでも訳したくなるような、判断保留が強く出すぎで事実上の反論になってしまい、アイロニーではなくなってしまうのです。

第 1 章の(1)以来、何遍も出てきた

(11)　She's English.

にしても、

(11′)　She's ↘English.

という事実をごく客観的に述べるのにふさわしいイントネーションが用いられます。ここで、

(11″)　She's ↗English.

という「ジェインがイギリス人であること」と「ジェインの料理の腕前」との因果関係に関する判断保留を表明してしまったのでは、説明のしすぎになり、この発話が持つべきアイロニーもユーモアもどこかへ消えてしまうのです。
　第3章には(5)という例がありました。(12)として再現しましょう。

(12)　Did you remember to water the flowers?

これは、ピクニックの最中に突然空がかき曇って大雨になったときに発せられたアイロニー的ジョークでしたね。話し手は、愚かなことを言う架空の第3者を模倣しているわけです。この愚か者は大まじめなのですから、(12)の話し手も大まじめで言わなければこの発話の可笑しみはなくなってしまいます。
　英語の語法は「非直截的」で自分の意味するところを理解させるために、相手に「心の理論」による推論を要求します。それと並んで英語では自分の発話が何を意図しているのかに関するヒントとしてイントネーションが(たとえば日本語に比べてずっと)大きな働きをしています。

おわりに

　ところがそのイントネーションそのものが非常に「非直截的な」ものなのです。上昇調が「判断保留」を表すとは言っても、たとえば(5)が聞き手の眼以外の造作の美醜に関するものなのか、聞き手が歌手としてデビューする支障になるか否かに関するものなのかは、はっきり示されません。そもそも単なる音程の上下だけでそんなに細かいことを表現できるはずはないのです。その点、英語という言語は、発話の意図へのヒントにも「非直截的」なものを初めから選んだのだと言えなくもありません。アイロニーやジョークでは、「模倣」という重大要素を消滅させないよう、イントネーションを発話のヒントとして使うことを諦めてしまうのです。あるいは、ヒントを使わないことがこの場合ヒントとなっているのかもしれません。

　英語らしい英語を使うためには、発音に関する知識、単語に関する知識、語法・文法に関する知識、まとめて言えば「言語形式」が必要なことは言うまでもありません。しかしそこに話し手の伝えたいことの多くの部分を聞き手の「心の理論」にまかせる話し方（その中には重要な要素としてイントネーションが含まれます）、そしてそこから生まれるアイロニーやジョークを身につけてください。そのとき初めて、貴方は本当に英語らしい英語を使う人になるのです。

平成 22 年 12 月　　　　　　　　　　　　　　　　　　今井邦彦

【著者紹介】

今井 邦彦（いまい くにひこ）

〈略歴〉1934年東京生まれ。1957年東京大学文学部英吉利文学科卒業。1957–1959年ロンドン大学留学。1959年にロンドン大学音声学科から英語発音技能第一級証明書を、国際音声学協会(IPA)から音声学技能第一級証明書をそれぞれ授与される。東京都立大学教授、学習院大学教授を経て、現在は東京都立大学名誉教授。文学博士。
〈主な著書・訳書〉『新しい発想による英語発音指導』（大修館書店 1989）、『英語の使い方』（大修館書店 1995）、『語用論への招待』（大修館書店 2001）、『なぜ日本人は日本語が話せるのか』（大修館書店 2004）、『ファンダメンタル音声学』（ひつじ書房 2007）、『音声学』（訳書 ケネス・パイク著 研究社出版 1964）、『ことばから心をみる』（訳書 ニール・スミス著 岩波書店 2003）、『ことばの意味とは何か』（訳書 フランソワ・レカナティ著 新曜社 2006）など多数。

あいまいなのは日本語か、英語か？
日英語発想の違い

発行	2011年2月14日 初版1刷
定価	1680円＋税
著者	Ⓒ 今井邦彦
発行者	松本 功
装丁者	大崎善治
印刷製本所	三美印刷株式会社
発行所	株式会社 ひつじ書房

〒112-0011 東京都文京区千石2-1-2 大和ビル2F
Tel.03-5319-4916 Fax.03-5319-4917
郵便振替 00120-8-142852
toiawase@hituzi.co.jp　http://www.hituzi.co.jp

ISBN978-4-89476-526-9

造本には充分注意しておりますが、落丁・乱丁などがございましたら、小社かお買上げ書店にておとりかえいたします。ご意見、ご感想など、小社までお寄せ下されば幸いです。

ことばの宇宙への旅立ち
10代からの言語学

大津由紀雄 編　シリーズ全3巻

◆第一線の研究者による、言語学との出会い、ことばに関わる知的な好奇心をゆさぶるトピックを掲載。思春期の若者から、社会人まで、幅広い層に向けた言語学の入門書。

・・・・・・・・・・・・・・・・・・・・・・・・・・・・・・・・・・・・・・・

ことばの宇宙への旅立ち

定価 1500円+税

大津由紀雄　ことばの宇宙への誘い
上野善道　母は昔はパパだった、の言語学
窪薗晴夫　神様の手帳をのぞく
今西典子　古語の文法とニュートン・リングの先に開けた言語研究の世界
西村義樹　文法と意味の接点を求めて
今井邦彦　人は、ことばをどう理解するのか

ことばの宇宙への旅立ち 2

定価 1300 円+税

大津由紀雄 ことばに魅せられて
酒井邦嘉 脳に描く言葉の地図
日比谷潤子 書を捨てて町に出る言語学
池上嘉彦 ことば・この不思議なもの

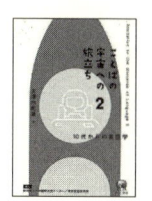

ことばの宇宙への旅立ち 3

定価 1600 円+税

今井むつみ どうして子どもはことばの意味を学習できるのか
長嶋善郎 「後ろ姿」は日本語的なことば
野矢茂樹 ことばと哲学
滝浦真人 夫婦ゲンカの敬語と上手な友だちの作り方、の言語学
岡ノ谷一夫 動物の鳴き声と言語の起源
尾上圭介 「文法」て"芸"ですか

好評発売中!!

ファンダメンタル音声学

今井邦彦著

定価 2400 円＋税　★ CD-ROM 付

「読者に良い発音を身につけてもらうこと」を最大の目的として編まれた、最新の英語音声学教本。個々の音だけでなく、コミュニケーションに重要な働きをする文強勢やイントネーションについて必要な知識をわかりやすく説き、その知識を、CD を使って練習し、実地に活用できるよう工夫してある。アメリカ英語については、信頼すべきネイティヴ・スピーカーが担当し、イギリス英語については、ロンドン大学音声学科から英語発音技能第一級証明書を、国際音声学協会(IPA)から音声学技能第一級証明書をそれぞれ授与された著者自身が、音声吹き込みを担当している。CD には、そのほか、おまけ音声付き！